북유럽 스타일 100

VÄLKOMMEN!

북유럽 스타일 100

100가지 아이콘으로 읽는 북유럽 신화·음식·문화·예술·라이프스타일

배리 포셔 글 | **노지양** 옮김

페이퍼스토리

옮긴이 **노지양**

연세대학교 영어영문학과를 졸업하고, KBS와 EBS에서 라디오 방송작가로 활동했으며 현재는 전문 번역가로 일하고 있다. 《나쁜 페미니스트》, 《무서운 공주들》, 《걸보스》, 《You're so French!》, 《마음에게 말 걸기》, 《나는 그럭저럭 살지 않기로 했다》, 《보헤미안의 파리》, 《좋은 것에 집중하라》, 《스타일 중독자들》, 《네가 있어 행복해》, 《세상 모든 행복》, 《스틸 미싱》, 《나는 왜 패션을 사랑하는가》 등 60여 권의 책을 번역했다.

북유럽 스타일 100

초판 1쇄 인쇄 2016년 11월 1일 **초판 1쇄 발행** 2016년 11월 10일

지은이 배리 포셔 **옮긴이** 노지양 **펴낸이** 오연조

편집 조애경 **디자인** 성미화 **마케팅** 성진숙 **경영지원** 김은희

펴낸곳 페이퍼스토리 **출판등록** 2010년 11월 11일 제 2010-000161호

주소 경기도 고양시 일산동구 정발산로 43-20 센트럴프라자 7층

전화 031-900-9999 **팩스** 031-901-5122

이메일 book@sangsangschool.co.kr

한국어판 출판권 ⓒ 페이퍼스토리 2016

ISBN 978-89-98690-26-7 13920

* 페이퍼스토리는 (주)상상스쿨의 단행본 브랜드입니다.
* 이 도서의 국립중앙도서관 출판예정도서목록(CIP)은 서지정보유통지원 시스템 홈페이지(http://seoji.nl.go.kr)와
  국가자료 공동목록시스템(http://www.nl.go.kr/kolisnet)에서 이용하실 수 있습니다.(CIP제어번호 : CIP2016017860)

CONTENTS

북유럽 스타일 이야기

나는 오랜 시간 스칸디나비아 문화를 주제로 글을 쓰고 방송 출연을 해오면서 잉마르 베리만 감독을 알게 되었고 북대서양의 축복인 페로 제도를 가보았으며 스웨터 차림의 경찰관들을 관찰하고 에드바르드 그리그를 듣고 용 문신을 한 천재 고스족 해커에 빠져들었다. 덴마크, 스웨덴, 노르웨이, 핀란드, 또 북유럽에 살짝 끼어든 아이슬란드가 제공하는 모든 문화와 예술에 탐닉했다. 물론 그 사이에 미식의 세계에도 입문했다. 알고 보니 북유럽에는 시나몬 번과 청어 절임 외에도 맛있는 요리가 차고도 넘쳤다. 한때는 아는 몇몇 사람들만이 아끼던 것들을 이제는 다수의 사람들이 관심을 갖고 공유하게 되어 더없이 기쁘다. 너도 나도 북유럽 디자인을 선호하고 북유럽 여행을 꿈꾸고 그들의 라이프스타일과 패션, 전통 음식과 문화를 접하고 있으니 처음부터 일일이 설명하지 않아도 된다. 사람들은 '북유럽' 하면 아일랜드를 약탈한 악명 높은 바이킹만 떠올리는 것이 아니라 스웨덴 덴마크 합작 드라마 〈더 브리지The Bridge〉에서 분위기 파악 못 하고 사회성 떨어지는 사가 노렌이 사람들 앞에서 티셔츠를 갈아입어 동료들을 당황시키는 장면을 이야기한다. 스웨덴 버전인 척하는 케네스 브레너의 BBC 버전이 아니라 진짜 스웨덴 드라마 〈발란더Wallander〉

덕분에 우리는 우울증에 시달리는 외로운 중년 형사의 이름 'Wallander'를 '월랜더'가
아니라 '발란더'로 발음해야 한다는 사실도 알게 되었다. 그런데 이 정도로만 즐기면 충분할까?
아니다. 우리는 북유럽에 대해 지금보다 더 많이 더 자세히 더 풍부하게 알고 싶다. 《북유럽 누아르》를
쓸 당시 스칸디나비아 4개국을 여행하며 감독, 배우, 디자이너, 작가들 50여 명을 만날 예정이라고 말하면
사람들은 언제나 부러움과 경탄이 섞인 반응을 보였다. 또 비행기가 아니라 기차, 그것도
침대차를 이용해 여행하게 된다고 말하면 사람들의 눈은 더 휘둥그레지고
목소리 톤이 올라갔다. "어머나, 낭만적이어라. 스웨덴에서 덴마크를 잇는
다리를 지나가면서 (드라마 〈더 브리지〉로 유명해진 그 다리 말이다) 아쿠아비트 한 잔
홀짝일 수 있는 거죠? 상상만으로도 근사하네요."라며 부러워했다. 하지만 야간 기차
여행이란, 기분은 들뜨지만 기력이 쇠하는 일이기도 하다.
이 책에 등장하는 누구나 다 알고 있을 것 같은 대표적인 스칸디나비아의 아이콘들이 이
나라들의 역사와 전통을 품고 있으며 민족의 정신을 반영한다는 사실을 곧 알게 될 것이다.
나로서는 최선을 다해 북유럽을 상징하는 100가지 아이템을 모았다. 먼저 현대 역사에서 가장
유명한 뗏목일지 모를 콘 티키부터 시작하려 한다. 탐험가 토르 헤위에르달이 주축이 된, 다섯 명의
노르웨이인과 한 명의 스웨덴인으로 이루어진 겁 없는 선원들은 뗏목을 타고 태평양을 횡단했고
이후의 모든 대담한 항해 여행의 본보기가 되었다.
토르라는 이름을 듣고 바로 할리우드 영화 속 캐릭터를 떠올렸을 수도 있다. 그렇다면
만화책이나 할리우드 버전이 아닌 북유럽 신화 속의 천둥신 토르는 정말 하늘에서
천둥을 던졌을까? 이 책에서 해답을 찾을 수 있을 것이다.
또한 강렬한 영웅전설과 신화로 《반지의 제왕》의 톨킨과 어린이 판타지 소설

작가 테리 프래쳇에게 영감을 주기도 한 아이슬란드 사가^{Sagas}의 세계를 탐험하게 될 것이다. 신화 속 무시무시한 괴물 트롤의 진면모에 대해서도 알게 될 것이다. 인터넷 게임의 유명한 악당 트롤이 아니라 사람들이 잠든 새벽 거리를 배회하다 순진한 이들을 공격하는 거인 혹은 난쟁이 트롤 말이다. 도어 하프나 러브 스푼 이야기를 읽다보면 나도 모르게 쇼핑 욕구가 생긴다.

북유럽에는 아름다운 풍경이 있다. 그저 아름답다고 하기에는 부족한, 언어의 한계를 시험하는 경이로운 풍경들 말이다! 숨 막히는 대자연의 아름다움 피오르도 같이 감상해보면 좋을 것이다. 이쯤에서 북유럽 디자인 몇 가지도 알아보고 넘어가야 하지 않을까. 요즘 북유럽 디자인이 대세라는 사실은 의심의 여지가 없으니 말이다. (그저 북유럽 스타일의 가구만 말하는 것이 아니다.) 북유럽을 대표하는 건축에는 무엇이 있을까?

앞서 언급한 드라마 〈더 브리지〉의 배경인 외레순 대교 외에도 독특한 북유럽 건축에 대해 알아야 할 것들이 많다. 무엇보다 글을 쓰면서 가장 즐거웠던 부분은 북유럽 대중문화와 북유럽 스릴러 작가들에 관한 내용이었다. 북유럽 누아르를 대표하는 세 명의 여인들은 〈밀레니엄 : 여자를 증오한 남자들〉의 리스베트 살란데르, 〈킬링〉의 사라 룬과 〈더 브리지〉의 사가

노렌이며 이제까지 보지 못했던 이 독보적인 캐릭터들은 각각 배우
노미 라파스, 소피 그로뵐, 소피아 헬린이 연기했다. 또한 〈여총리
비르기트〉라는 정치 드라마 때문에 비르기트 뉘보르가
진짜 덴마크 총리라고 알고 있는 사람들이
있을지도 모르겠다. 물론 시드 바벳 크누센은
연기일 뿐이라고 주장하고 있지만 말이다. 우리는
드라마와 배우와 여배우들 뿐아니라 불안한 영혼의 형사 쿠르트 발란더를 창조한
범죄소설 작가 헤닝 만켈은 어떤 사람인지, 스티그 라르손은 어떤 삶을 살았는지, 북유럽 스릴러 소설계의
거장인 노르웨이의 요 네스뵈의 대표작은 무엇인지도 살펴볼 것이다. 북유럽에서는 이미 유명하지만
우리에겐 아직 조금 생소한 베스트셀러 작가들인 카밀라 레크베리, 아르네 달도 소개할 것이다.
이 책을 한 장 한 장 넘겨 보는 것이 스칸디나비아 반도에 있는 나라와 도시를 여행하는 것만큼이나
흥미롭고 색다른 체험이 되기만을 소망하고 있다. 당신이 입버릇처럼 언젠가 가겠다고 말해온
북유럽 여행을 떠나기 전에 해볼 수 있는, 세상에서 가장 재미난 숙제가 될 수도 있을 것이다.
언제부터인가 북유럽이 아닌 모든 나라에서 스칸디나비아에 관한 모든 것에 열광하고 있는
것만 같다. 그 이유와 징표들을 사랑스러운 일러스트레이션과 예쁜 사진과 짧은 글이
담긴 이 작은 책에서 찾아볼 수 있기를 바란다.

배리 포셔

MYTHIC & TRADITIONAL

신화와 전통을 이해하다

콘 티키

"형제들, 이제 엔진에 시동을 걸어볼까?" 1947년 4월 28일, 세계에서 가장 유명한 뗏목 콘 티키Kon-Tiki의
갑판 위에서 누군가가 이런 농담을 했다. 뗏목이 출발한 뒤 다섯 명의 노르웨이인과 한 명의 스웨덴 선원은
점점 멀어져가는 육지를 아련하게 바라보았다. 그들은 뗏목 위에 서 있었고 눈앞에는 오직 망망대해만이
펼쳐져 있었으며 이렇게 7000킬로미터를 더 항해해야 했다. 그러니 그들의 앞날에 어떤 일이 닥칠지 약간은
불안해한다고 해서 그들을 겁쟁이라 비난할 사람은 한 명도 없었을 것이다.

이 일이 일어나기 10년 전, 노르웨이의 작가이자 탐험가 토르 헤위에르달(Thor Heyerdahl, 1914~2002)과 그의
아내는 폴리네시아의 파투히바섬에 살고 있었다. 어느 날 밤 해변에서 평생 동안 이 섬에서 살았던 한
노인에게 섬의 전설을 듣게 되었다. 이 섬의 선조들은 티키라는 이름의 족장이 이끄는 배를 타고 동쪽에서
태양과 함께 도착했다는 것이다. 이 이야기를 들은 헤위에르달은 폴리네시아 문명과 남아메리카 문명
사이에 놀라울 정도의 유사성을 발견했다. 특히 잉카의 신인 태양왕의 이름이 콘 티키였으니 이름까지
흡사했던 것이다. 헤위에르달은 고대에 콘 티키의 마을이 습격을 당하자 부족들이 발사나무 줄기로 만든
뗏목을 만들어 타고 페루를 탈출해 태평양을 건너 폴리네시아의 섬까지 왔을 것이라 추측했다. 따라서
폴리네시아의 조상이 지리적으로 가까운 동남아시아 원주민이 아니라 콜럼버스 이전 시대의 남아메리카
원주민이었을 거라고 확신했다. 그리고 원시적인 뗏목으로 태평양을 건너는 것이 가능하다는 자신의
가설을 입증하기 위해 직접 같은 방식으로 항해하기로 결심했다. 헤위에르달은 아홉 개의 발사나무, 대마,
대나무, 바나나 잎만 사용해 정성스럽게 뗏목을 제작했다. 못이나 철사는 사용하지 않았다. 페루에서
출항한 대원들은 죽을 고비를 몇 번이나 넘기고 101일 후 폴리네시아의 라로이아섬에 무사히 도착했다. 이
대탐사는 인간의 담대함과 용감함을 증명한 위대한 여행으로 회자되고 영화로도 만들어졌다.

레이프 에릭손

매년 10월 9일, 미국의 역사광들은 아이슬란드 탐험가 레이프 에릭손을 기억하기 위해 다양한 행사를 연다. 그는 콜럼버스보다 무려 500년 전에 이 신세계의 해안에 당도한 최초의 유럽인으로 여겨지고 있다.

레이프 에릭손(Leif Erikson, 970~1020)은 아이슬란드 사가에 등장하는 바이킹 '붉은 에릭Eric the Red'의 아들이다. 당시 에릭은 노예는 아니었지만 포로로 잡힌 독일인 사이커Thyrker를 데리고 있었는데 그가 아들 레이프에게 여러 중요한 지식과 기술을 가르쳤다고 한다. 이 소년은 러시아어와 켈트어를 구사하고 동식물에도 해박하며 다양한 무기를 다룰 줄 아는 용감한 청년으로 성장했다. 특히 항해와 모험에 매혹되었고 그의 아버지 같은 탐험가들의 뒤를 잇고 싶어 했다.

아버지 에릭은 살인 사건에 휘말려 3년 동안 아이슬란드에서 추방되었다. 에릭은 가족들을 데리고 서쪽으로 항해했으며 그린란드까지 이동하여 최초의 스칸디나비아식 캠프장을 세웠다. 아들 레이프는 24살에 선장이 되어 노르웨이까지 항해했다가 그린란드로 돌아왔다. 하지만 정착하기에는 너무 모험심이 강했고 소문으로만 들었던 서쪽의 육지를 탐험해보고 싶었다.

레이프와 동료 선원들은 항해를 시작했고 배핀섬을 거쳐 캐나다 동쪽 해안가의 아름다운 백사장에 닿았다. 때는 AD 1001년이었고 그들은 이 땅을 빈란드Vinland라 이름 붙였다.(현재 캐나다의 뉴펀들랜드다.) 이 선구적인 모험은 사람들의 입에서 입으로 전달되다가 아이슬란드 사가가 해석되며 널리 알려졌으며 이제는 중요한 역사적 사실로 인정받고 있다.

썬더스톤

노르웨이의 신 토르가 격노한 것이 틀림없다. 칠흑 같은 하늘에 천둥이 울리고 번개가 꽂힌다. 이때는 지붕이 있는 피난처에 숨어야 하는데 잘못하다가 뾰족한 '썬더스톤'이 내 머리 위로 떨어질지도 모르기 때문이다.

고대 전설 속에서는 천둥이 칠 때마다 토르가 신성한 돌 혹은 다이네스타인(dynestein, 고대 노르웨이어로 '뇌석'이라는 뜻)을 어떻게 던지는지 아주 자세하게 묘사되어 있다. 막상 천둥 번개가 치면 그렇게 느껴지지 않지만 알고 보면 토르의 목적은 이 세상의 혼돈과 악행으로부터 신과 인간을 보호하는 것이라고 한다. 작고 뾰족한 돌들이 우수수 떨어지면 인간에게 해를 끼치려고 어슬렁거리던 트롤과 도깨비 등의 음침한 종족들이 겁을 먹고 숨는다는 것이다. 썬더스톤(thunderstone, 뇌석)은 원래 단단한 부싯돌이나 석영에서 잘려 나온 돌들로, 바이킹은 이 돌이 보호하는 힘을 갖고 있다고 믿어 언제나 몸에 지닐 수 있는 물건으로 만들었다. 도끼나 칼을 만들기도 하고 목걸이로 깎아 아이들 목에 걸어주기도 했다. 집을 지을 때도 이 돌을 사용해야 초자연적인 공격이나 번개로부터 보호받을 수 있다고 믿었다. 바이킹들의 무덤을 발굴하다 보면 이런 돌들이 자주 발견되는데 무덤 자체보다 훨씬 오래된 것들도 많고 그 돌을 소유한 바이킹보다 5000년이나 나이가 많은 돌들도 있다.

바이킹에 따르면 진짜 썬더스톤은 세 가지 기준에 부합해야 한다. 첫째, 도끼나 해머와 비슷하게 생겨야 하고 둘째, (부싯돌이나 석영처럼) 겉에 '불꽃이 타는 듯한' 패턴이 그려져 있어야 하며 셋째, 하늘에서 떨어졌다는 증거를 갖고 있어야 한다. 너무 매끈하지 않고 약간 흠이 있거나 부서져 있어야 '참'이고 이것만이 사랑하는 사람과 터전을 지켜줄 수 있다는 것이다.

바사 전함

1628년 8월 10일, 이날은 국가의 기상을 드높이는 영광스러운 축제의 한마당이 되어야 했을 것이다. 국왕의 전함인 바사^{Vasa}가 처음으로 항해를 하기 위해 스톡홀름 항구에 정박해 있었다. 대포가 출항을 알렸고 거대한 배는 의기충천하게 드넓은 바다로 향했다. 안타깝게도 그 시범 출항의 결말은 전혀 영광스럽지 않았다.

바사호는 항구를 벗어나 고작 1300미터 정도 앞으로 나아간 다음부터 흔들리기 시작했다. 선체가 너무 무겁고 균형이 맞지 않았던 이 배는 강한 돌풍이 몰아치자마자 사정없이 흔들렸고 하갑판 선실의 포문으로 물이 들어왔다. 곧이어 화물이 우르르 쏟아져 바닥에 굴렀으며 그중에는 상갑판에 있는 육중한 청동 대포도 있었으니 참사는 피할 수 없었다. 사실 이 배는 부두에 있을 때부터 검사를 통과하지 못해 전문가들이 우려를 표했는데 욕심이 앞선 왕의 무언의 압력 때문에 무리하게 시범 출항에 나서게 된 것이다. 기록에 따라 약간씩 다르지만 그 침몰의 날 30여 명의 남성, 여성, 어린이가 운명을 달리했다고 한다. (이 배는 첫 항해를 기념하기 위해 특별히 국내외 귀빈들을 태웠다.)

역사상 가장 유명한 난파선 중 하나인 바사호는 스웨덴의 왕 구스타프 아돌프 2세(Gustav II Adolf, 1594~1632)의 명령으로 출항하기 3년 전에 건조된 것으로, 위대한 선대왕 구스타프 바사(Gustav Vasa, 1496~1560)의 이름을 땄다. 그때까지 제작된 전함 중 가장 막강한 화력을 자랑하는 대규모 전함이었고 수백 개의 목재 조각상 등으로 호화롭게 장식되어 있었다. 모든 조각품에는 상징적인 메시지와 의미도 담겨 있었다. 적들을 두려움에 떨게 하려는 무서운 얼굴, 선원들에게 신뢰를 심어주려는 로마 병정, 용기를 북돋아주기 위한 수호천사 조각상들이 커다란 배 안에 가득했다. 이 환상적인 세공의 대형 전함은 333년 동안 잊혀 있다가 1961년에 인양 작업이 시작되었다. 17년 동안의 복원 작업 끝에 과거의 영광스러운 모습을 되찾고 오늘날 스톡홀름의 바사 박물관에 전시되어 관광객들의 감탄을 자아내고 있다.

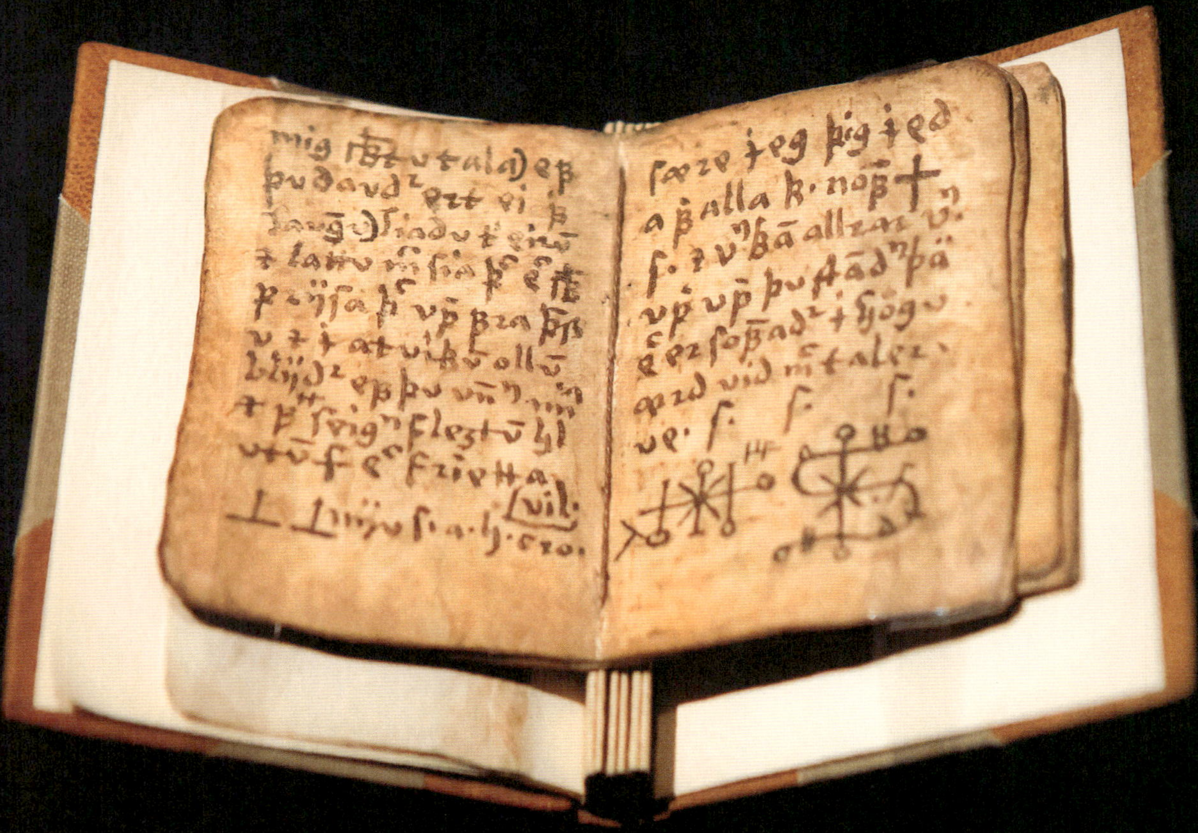

mig [r]ꝺ utala eꝛ
þuꝺauꝺᷓ ett vi ﬥ
ꝼaug Jⸯiaꝺ ꝺ eiⸯ
⁊ lato iⸯſia þᷓ e ꞇᷓ
þ eͥſaꞇ vp ƀꝛa ꝥꝥ
v ⁊ ⁊ atuiꞷvoll ⸝
Ɪⸯijꝺ eꝛ þu vᷤ ⸯ ⸝
⁊ ꝼ ꞅvigⁿ ﬥegꞇ ū ﬔ
vꞇ ū ꝼ eꞅ ꝼꞃiⸯꞇa · ꞅvil ·
┴ Ɪⸯiꞃſ a ⸝ ꞁ · ꞅꞃo ·

ﬁ ꞷꞃꝛ ⁊ eg þig ⁊ eꝺ
a ƀ alla � · noᷓ †
ꞅ · ⁊ v ᷓ ƀᷓ allꞃ u · ⸝
vꝥ vꝥ þu ꝼᷓꝺ þᷓ
ᷓꝛ ſoƀ aꝺᷓ ⁊ ꞩogu
ꝙꞃꝺ uiꝺ ⁿ taꞁꞃ ·
vꝥ · ꞅ · ꞅ ·

사가

아이슬란드는 AD 900년까지도 스칸디나비아인들이 살지 않는 땅이었으나 오늘날 우리가 알고 있는 바이킹 역사에 관한 거의 모든 이야기들은 웅장한 40권의 서사시 〈사가Sagas〉 안에 담겨 있다. 이 전승문학 안에는 짓궂고 복수심에 불타며 강력한 북유럽 신들도 있고 놀라울 정도로 자세히 기술된 바이킹의 일상생활도 있다. 40권의 책은 대부분 작자 미상이지만 몇몇 이야기들은 1300년과 1400년 사이 생존했던 특정한 작가들과 관련이 있기도 하다. 〈사가〉의 주된 테마는 중세의 바이킹 농부들이 바다를 건너, 평화롭지만 황량한 아이슬란드에 정착하여 전쟁이 없는 사회를 만들기 위해 고군분투한 이야기들이다. 그들이 새 땅에 정착한 후 영국의 섬에서 여행자들이 들어왔고 켈트 문화와 스칸디나비아 문화가 섞이면서 독특한 퓨전 문화와 전통을 만들어낸다. 그러나 이들이 사용한 언어는 대체로 북유럽의 언어였다.

사가는 세 가지 내용으로 분류될 수 있다. 가족 사가, 영웅 사가, 왕들의 사가이다. 모두 이야기 형식으로 되어 있어 친근하게 다가갈 수 있다. 아마 중세 말기 아이슬란드의 별이 쏟아지는 밤, 벽난로 앞에서 아이들은 귀를 쫑긋 세우고 전쟁, 범죄자, 유령, 트롤이 등장하는 이 재미 만점의 이야기들을 들었을 것이다. 우리 시대 대표적인 판타지 작가들은 아이슬란드의 사가에 직접적인 영향을 받았다고 스스럼없이 밝히기도 한다. J.R.R.톨킨, 월터 스콧 경, 테리 프래쳇의 상상력은 북구의 전설들 덕분에 더욱 풍부해졌다고 할 수 있다. 스칸디나비아 역사를 조금 더 깊이 들여다보고 싶은 사람이라면 레이캬비크의 아이슬란드 국립박물관에 완벽하게 보존되어 있는 사가 컬렉션을 직접 감상해보는 것도 좋겠다.

베오울프

"나는 쪼개는 자, 찢는 자, 베는 자, 후벼 파는 자다. 어둠의 이빨이고 밤의 발톱이다. 능력과 열망, 그리고 힘은 내 것이다. 나는 베오울프다!" 2007년도 영화 〈베오울프 Beowulf〉에서 괴물이 누구냐고 묻자 레이 윈스톤은 이렇게 외친다. 이 중세의 전사 베오울프는 고대 서사시 속 전설적인 영웅이다.

스칸디나비아의 영웅 '베오울프'에게 바치는 3182행의 서사시는 현존하는 가장 오래된 문학 작품 중 하나이며 고대 영어로 쓰인 최초의 서사시다. 작자 미상이고 베오울프의 실존 여부는 논란이 있지만 이 서사시에 등장하는 많은 인물과 사건은 사실에 근거하고 있다. '베오울프'의 집필 시기에 관해서도 의견이 분분하지만 AD 1000년 전에 창작된 건 확실하며 베오울프가 사망했다고 알려진 AD 580년경일 수도 있다. 현명한 왕 흐로트가르가 덴마크를 다스리던 시절, 포악한 식인 괴물 그렌델이 매일 밤 궁전을 습격하며 병사들을 살해한다. 그때 용감한 전사 베오울프가 12명의 전사들과 함께 들어와 이 괴물의 팔을 잡아 비틀어 뽑아버린다. 궁정에서는 파티가 열리고 이 팔은 베오울프의 승리를 기념하는 트로피가 된다. 그렌델의 어미가 복수를 위해 침입하지만 용맹한 베오울프는 맨손으로 이 요녀를 바다에 던져버린다. 그 격렬했던 싸움은 그렌델의 시신 옆에서 벌어졌고 베오울프는 다시 한 번 승리한다. 세월이 흘러 베오울프는 왕이 되고 나라는 태평성대를 맞는데 어느 날, 화룡이 나타나 백성들을 괴롭힌다. 노인이 된 베오울프는 가까스로 용을 처치하지만 목에 치명상을 입고 최후를 맞게 된다. 왕이자 영웅에 걸맞은 성대한 장례가 치러지고, 용의 진귀한 보물들이 묻힌 그의 무덤은 아득히 넓은 바다를 바라보고 있다.

트롤

옛날 옛적에 트롤Troll은 북유럽 전설 속에 등장하는 괴물들 중에서도 가장 무섭고 소름 끼치는 존재였다. 유럽 신화에서 세계의 종말을 뜻하는 라그나로크 전쟁에서 트롤은 거인들과 모든 종류의 기이한 존재들과 한편이 되어 신들에게 맞서 격렬한 전투를 벌인다.

원래는 트롤도 잔인하고 야만적이고 피에 굶주린 괴물 종족에 속했으나 세월이 흐르면서 더 온화하고 덜 무서운 버전으로 천천히 그러나 확실히 변모했다. 고대 북유럽 신화에서 트롤들은 느리고 아둔하지만 성미가 급하고 무모한 거인으로 묘사된다. 이들은 마음만 먹으면 인간과 가축들을 먹어 치울 수 있었다. 쾌락을 위해 여자와 아이들을 납치하고 저녁 식사를 위해 동물을 훔쳤다고 한다. 하지만 후기로 넘어오면서 트롤들은 깊은 산속에서 농작물과 가축을 돌보며 고독하면서도 행복한 삶을 살아가는 다분히 사랑스러운 존재들로 바뀐다. 때로 여자 트롤들은 인간 남자들을 유혹해 동굴로 데리고 와서 사랑을 나누는데 이들 사이에서 태어난 반인-반트롤은 인간 사회에서 위장하며 살아가고 있다고 한다.

아이슬란드의 32만 2000명의 주민들 중 많은 이들이 아직도 요정, 도깨비, 땅속 요정, 거인들의 세계를 믿고는 있지만 증명하지는 못한다. (분명한 건 생각보다 더 많은 이들이 믿고 있다는 사실이다.) 그렇다 해도 여전히 조국의 자연과 풍광에 깊은 존경심을 표해야 한다고 주장하며 이 전설적인 존재들의 수면을 방해하지 않는 것이 좋다고 믿고 있다. 다들 입을 모아 한 가지만 경고한다. 현대의 트롤은 굼뜨고 둔한 과거의 트롤보다 위장 기술이 뛰어나니 운이 나쁘면 이들을 만날지도 모른다. 여기서 기억할 건 하나밖에 없다. 도망가라, 눈썹이 휘날리도록! 뒤도 돌아보지 말고 무조건 걸음아 날 살려라 하며 도망칠 것!

투필라크

당신이 정적을 저주하기 위해 투필라크^{Tupilaq}를 제작하고 싶다면 본인이 마법과 주술과 초능력에 대처할 수 있다고 확신해야만 할 것이다. 자칫 계획이 틀어졌을 경우 이것들이 오히려 당신을 공격할 수도 있기 때문이다.

고대 그린란드에서는 누군가와 전쟁을 앞두고 있거나 상대가 죽기를 바라면 앙가콕(angakok, 샤먼 혹은 무당)이 만든 투필라크를 갖고 있어야 했다. 투필라크란 그린란드 이누이트족 언어로 '조상의 영혼'이라는 뜻인데 대신 복수를 해주는 괴물이다. 당신과 당신 가족의 수호자가 될 이 토템을 만들기 위해서는 뼈, 나무, 치아, 동물 가죽이나 머리, 피부, 힘줄 등이 사용되며 때로는 죽은 아이의 신체 일부로 만들기도 한다. 그리고 위에서 말한 앙가콕이 여기에 생명을 불어넣어야 한다.

투필라크는 항상 외딴 곳에서 철저한 보안이 유지되는 가운데 비밀리에 제작된다. 만약 말이 새어나가 적의 귀에 들어가고 그 적이 당신보다 더 큰 마법을 행사할 힘이 있는 사람이라면 그들 또한 투필라크를 만들어 당신을 먼저 저주할 수도 있기 때문이다. 필요한 모든 재료들을 미리 모아두었다가 앙가콕에게 주면 그는 고립된 오두막에서 아노락(anorak, 방수가 되는 이누이트족의 겉옷)을 거꾸로 입고 모자로 얼굴을 가린 다음에 이 조각들을 하나하나 이어 붙인다. 완성된 작품에 마법의 힘을 불어넣고 적의 정보를 주입한다. 이 과정에만 며칠이 소요된다.

이렇게 해서 완성된 투필라크를 바다에 띄우면 목표물을 죽이기 위해 떠내려간다. 단, 이번에도 철저히 비밀에 부치치 못하고 적이 이 사실을 알아내면 액운이 닥칠 수 있다. 투필라크의 힘을 약화시키고 앙갚음을 피하는 방법은 자신이 투필라크를 만들었다는 사실을 공개적으로 시인하는 것이다.

요울루푸키

핀란드를 대표하는 신비로운 캐릭터 요울루푸키^{Joulupukki}는 깊은 숲속에서 아내 요울루무오리^{Joulumuori}와 여러 조수들과 살고 있다. 그의 사슴은 선물이 가득 들어 있는 썰매를 끈다. (하지만 날지는 못한다.) 크리스마스가 오면 그는 사슴 썰매를 타고 마을로 내려가 문을 똑똑 두드리고 가족들에게 그 유명한 질문을 한다. "이 집에 착한 어린이가 있습니까?"

요울루푸키의 원조이지만 훨씬 사악하고 음울한 버전은 바이킹들이 길고 긴 겨울이 끝나고 해가 길어져 축제를 열었던 이교도 시대까지 거슬러 올라가 찾을 수 있다. 당시 기록에 등장하는 요울루푸키는 이마에 뿔이 달리고 염소처럼 흰 수염이 달린 악마 같은 형상을 하고 있다. 요울루푸키는 핀란드어로 크리스마스 또는 크리스마스 염소라는 뜻이다. 전설에 따르면 매해 동지마다 북유럽의 신 토르와 앵글로색슨의 신 보덴^{Woden}이 함께 토르의 마차를 타고 사냥을 떠났다고 한다. 이 토르의 마차를 끌던 염소 두 마리가 바로 탕그리스니르와 탕그뇨스트다. 전자는 '이가 난 식용 가축의 새끼'란 뜻이고 후자는 '이를 가는 자'란 뜻이다. 요울루푸키는 이 두 가지가 합쳐진 존재로 여겨진다. 핀란드에서 악한 영은 염소 가죽을 뒤집어쓰고 뿔이 달린 모습으로 사람들, 특히 어린아이들을 놀라게 할 뿐만 아니라 선물까지 빼앗아간다고 한다. 요울루푸키는 평소에는 이런 악한 영이지만 크리스마스 즈음에는 인간에 가까운 형체로 변하여 하얀 털이 달린 빨간색 가죽 코트와 빨간색 바지를 입는다. 이유는 알 수 없지만 한때 사악했던 페르소나^{persona}는 산타클로스 사촌 같은 이미지를 갖게 되었고 현재는 선물을 주는 고마운 아저씨가 되었으니 말이다.

율 라드

고대 아이슬란드 민속 문화 중에서 가장 유명한 것이 율 라드Yule Lads의 이야기다. 아이슬란드 산속 깊이 어딘가에 그릴라(아기 포식자)와 남편 랩바루디가 살고 있다. 이 트롤 부부가 낳은 아들들이 바로 천하의 심술쟁이이자 장난꾸러기인 율 라드들이다. 그릴라는 총 72명의 아이를 낳았는데 그중에서 13명의 율 라드가 가장 악명높다. 성탄절 13일 전부터 이 악동들이 하루에 한 명씩 인간 세상으로 내려와 장난을 일삼는다. 특히 외딴 시골 마을 농장에서 사는 아이들을 동굴로 데려가 잡아먹겠다고 협박하기도 한다.

12월 12일에 나타나는 첫 번째 라드는 스테캬스퇴이르(양 좋아하는 아이)로 양의 우유를 먹길 좋아한다. 길랴괴이르(도랑에 사는 아이)는 소의 우유를 훔치고 다음 날에는 스투퓌르(뚱뚱한 아이)가 나타나 프라이팬에 있는 음식을 훔쳐 간다. 남은 형제들도 차례차례 합류한다. 스뵈뤼슬레이키르(스푼 핥아 먹는 아이), 포타슬레이키르(냄비 긁는 아이), 아스카슬레이키르(그릇 핥아먹는 아이), 히르다스켈리르(문 쾅 닫는 아이), 스키르가우뮈르(커드 먹는 아이), 뷔그나크라이키르(소시지 훔치는 아이), 글루가가이기르(창문으로 훔쳐보는 아이), 가우타세퓌르(문에서 훔쳐보는 아이), 쾨트크로퀴르(고기 대장), 케르타스니키르(촛불 끄는 아이) 들이다. 하지만 이 악동 형제들의 이미지는 점점 좋아져 외모나 성격이나 모두 산타클로스 같은 모습이 되었다. 오늘날 어린이들은 크리스마스 13일 전부터 매일 밤마다 창가에 신발을 놓고 선물을 고대한다. 착한 아이들의 신발에는 작은 선물들을 놓아두지만 말썽 피우고 말 안 듣는 아이의 신발에는 썩은 토마토를 두고 온다고 한다. 물론 반가운 선물이라고 할 수는 없지만 그래도 이 불쌍한 아이는 목숨은 건졌다면서 안심한다고!

쿠르비츠

스웨덴의 전통 페인팅 기법인 쿠르비츠^{Kurbits}가 서민들의 일상생활 속에 들어오게 된 결정적인 계기는 17세기부터 일반 주택에 설치되기 시작한 '굴뚝'이라는 주장이 있다. 그전까지만 해도 평범한 집 부엌의 스토브에는 굴뚝이라는 것이 아예 없었고 벽마다 보기 싫은 검댕이가 피어 있었다. 시꺼멓게 변한 벽을 장식하는 건 세상에서 가장 창의적이고 흥미로운 일이 되지는 못했던 것이다. 하지만 굴뚝이 생기면서 연기는 바깥으로 빠졌고 벽은 빈 캔버스처럼 환하고 깨끗한 공간이 되었다.

오늘날 우리가 알고 있는 쿠르비츠 페인팅 기법은 스웨덴 중부의 달라르나^{Dalarna} 지역에서 처음 시작되었다. 몇십 년 정도는 네덜란드를 비롯한 외국의 유명 화가들이 청탁을 받고 스웨덴으로 건너와 귀족들의 저택 거실과 방을 장식했다. 독학으로 그림을 배운 지역 출신의 화가들은 뮤럴 벽지의 유지와 보수를 맡았다. 이들은 곧 커다란 르네상스 양식의 꽃병에 그려진, 네덜란드식 꽃과 나뭇잎 부케 모티브에 익숙해졌다. 여기에서 영감을 받아 전통 기법을 사용해 스칸디나비아 문양들을 만들어내기 시작했고 굴뚝의 도입으로 숯검정 없는 깔끔한 벽을 갖게 된 서민들의 집에도 그림을 그려주기 시작한 것이다.

쿠르비츠라는 단어는 라틴어의 쿠르쿠르비타^{curcurbita}에서 유래되었다. '호박'이란 뜻인데 이 장식을 그리는 표면이 둥그런 곡선 형태였기 때문이다. 초기의 모티브들은 강한 종교적인 색채를 띠었다. 당시에는 미사에 참석하는 것이 국법이었고 대부분의 대중들은 문맹이었기에 교회의 벽과 벽감에 성경의 모든 일화들이 묘사되어 있었다. 그러나 점점 더 종교와는 상관없는 다양한 패턴과 무늬가 탄생했다.

쿠르비츠 페인팅 기법은 다음 세대에 전수되었고 곧 이 나라를 대표하는 전문적인 산업으로 번창했다. 뛰어난 기술력과 예술성을 갖춘 장인들이 스웨덴의 광고, 디자인, 관광 산업에 합류하며 북유럽의 자랑스러운 전통으로 자리매김하게 된 것이다.

부나

부나^{Bunad}는 노르웨이의 전통 의상으로 원래는 농부들이 즐겨 입던 복장이었다. 지방마다 원단의 종류와 디자인과 장식이 다른데 몇백 년 동안 조금씩 진화하며 노르웨이 국민들의 다양한 문화와 전통을 자랑하는 상징이 되었다. 부나는 고대 노르웨이어로 '장비' 혹은 '용품'이란 뜻이다.

르네상스 시기에 이 의상들은 편하게 입는 일상복이라기보다는 패션 아이템에 가까웠다. 옷의 섹션마다 다른 색깔의 천을 대기도 하고 드레스를 스커트와 보디스로 나누기도 했으며 젊은 아가씨들은 드레스에 화려한 자수를 놓거나 장식을 붙이고 머리는 동그란 번 스타일로 올려 묶은 다음 비즈와 리본 장식을 하기도 했다. 남자 옷은 군복을 따라한 스타일이 많았다.

19세기에 산업혁명으로 대량생산이 가능해지자 사람들은 보다 모던한 옷들을 선호하기 시작했다. 전통 의상에 대한 관심은 줄어들고 부나를 입는 사람을 찾아보기 힘들어졌으며 각 지역의 특색 있는 패턴들은 잊히기도 했다. 하지만 이 옷들을 너무도 사랑했던 홀다 가르보(Hulda Garborg, 1862~1934)란 여성이 나서서 부나 살리기 운동을 시작했다. 그녀의 열정과 노력으로 노르웨이 국민들의 관심이 되살아났고 이 화사하고 다채로운 전통 의상은 다시 각광받게 되었다.

하지만 각 지방의 특징적인 패턴들이 혼합되기도 하고 사라지기도 했기 때문에 1947년에 정부가 전통의상위원회를 설립했고 지역마다 다른 부나의 특징을 찾아내 정리하기도 했다. 오늘날에는 자부심과 존경이 가득 담긴 표정으로 이 독특하고 아름다운 전통 의상을 입고 있는 노르웨이인들을 쉽게 만날 수 있다.

도어 하프

원래부터 북유럽 국가에서는 현관 앞에 맑고 청아한 소리가 나는 종을 달아놓는 것이 유행이었지만 그중에서도 스웨덴 사람들이 도어 하프^{door harps}를 유난히 더 사랑하는 것 같다. 도어 하프는 동아시아에서 영감을 받아 들여온 것이었다. 700여 년 전 북유럽인들이 중국 여행을 갔다가 문을 여닫을 때마다 귀여운 소리를 내는 예쁘장한 현관 장식을 발견했고 고향 스칸디나비아에 돌아와서 비슷한 것들을 만들게 되었다.

기본적으로 도어 하프는 원목 상자에 철사 줄을 달고 원목 비즈들을 연결한 것으로 현관문을 열고 닫을 때 부드럽고 잔잔한 소리가 나게 하는 것이다. 이 소리는 문으로 들어오고 나가는 모든 사람들을 환영하고 축복하며 건강을 기원하고 악한 기운을 쫓아내주는 소리이다. 중국의 풍수에서도 현관에 종을 달면 나쁜 에너지가 나가고 좋은 에너지가 들어온다고 한다.

스웨덴의 소품샵에 들어가면 아름다운 핸드메이드 웰컴 하프들을 쉽게 찾아볼 수 있다. 보통은 빨간색이나 파란색으로 달라호스^{dala horse}의 색상들과 비슷하다고 보면 된다. 달라호스와의 공통점은 또 있다. 수공예 전문가나 화가들이 섬세하고 정교하며 장식적인 쿠르비츠 스타일을 그려 넣기도 한다는 점이다. 보통 집 주인 이름이나 집 주소를 넣기도 하지만 이름 대신 '환영합니다'만 쓰여 있기도 하다.

VÄLKOMMEN!

러브 스푼

정교하게 깎은 스칸디나비아 대표 목공예품인 '러브 스푼love spoons'은 젊은 남성이 자신의 마음을 훔친 여성에게 주는 선물이었다. 선물을 한 다음 상대의 반응을 통해 진심을 확인하는 것이다. 만약 문제의 여성이 스푼을 간직하기로 하면 그들의 사랑이 이루어질 수도 있다는 좋은 징조다. 또한 이것은 한 젊은이가 자신의 손재주를 자랑하고 여자의 아버지에게 자신이 한 가정을 부양할 능력이 있음을 증명하는 기회이기도 했다. 17세기 초반에는 수공업이나 육체노동이 아니면 먹고 살기 쉽지 않은 시절이었으니 말이다.

이 스푼에는 로맨스와 애정을 상징하는 무늬가 장식되어 있다. 좋은 결혼을 상징하고 하트는 사랑을 상징하며 말굽은 행운, 바퀴는 희생, 십자가는 신앙, 자물쇠는 안전을 나타낸다. 가끔 솜씨가 좋은 기술자는 스푼 끝에 작은 새장을 달고 그 안에 조각한 종을 다는데 이 종의 숫자는 그가 희망하는 자녀의 숫자를 의미한다.

이 아름다운 스푼 만들기는 1650년대부터 1900년대까지 인기를 누리던 풍습이었으나 오늘날 이 스푼을 만드는 회사들은 민속 문화를 보전하며 전통 기술자들을 보호하는 곳이 되었다. 최근에는 콜로징kolrosing이란 기술로 스푼을 장식하는데 날카로운 칼로 나무에 예쁜 패턴이나 이름을 새긴 다음 가는 선에 물감을 채워넣을 때 사용되는 기술이다. 동물의 지방과 목탄을 섞어 만든 재료를 사용해 강하고 인상적인 색깔을 입힌다.

근래에 이 목각 스푼은 주로 결혼식, 생일, 세례식 선물로 쓰이고 있으며 스칸디나비아의 집에 놀러 가면 벽에 걸려 있는 스푼들을 쉽게 볼 수 있다. 당신도 직접 스칸디나비아 러브 스푼을 만들어 사랑하는 사람을 감동시켜 보면 어떨까? 물론 첫 데이트에서 그렇게 한다면 상대가 부담스러워 도망갈 수도 있겠지만….

게이트 오브 아너

스칸디나비아에는 이런 속담이 있다. "천천히 서두르는 편이 낫다." 이 말은 우리 인생의 여러 상황에
적용되겠지만 특히 결혼을 앞둔 사람들이 심사숙고해야 할 문장일 것이다. 과거 스칸디나비아의 약혼 기간은
보통 4년이었고 이 기간 동안 서로가 평생을 함께할 진정한 짝인지 알아가는 것이다.

하지만 일단 결혼까지 가는 데 성공한다면 노래와 춤과 음식이 넘치는, 흥겨운 댄스파티 같은 덴마크식
결혼식이 기다리고 있다. 결혼식에 빠지지 않는 것이 게이트 오브 아너Gates of Honour라 불리는 아름다운
구조물이다. 긴 소나무 가지들을 묶거나 못으로 고정하여 네모, 동그라미, 때로는 하트 모양의 웨딩 아치를
만들어 신부의 집 앞에 세우는 것이다.

결혼식 바로 전날 밤이나 결혼식 날 아침에 설치한 다음 싱싱한 꽃으로 장식하거나 결혼식의 테마와
맞는 색깔로 꾸미기도 한다. 아치 맨 위 중앙에는 신부와 신랑의 이름을 새긴 작은 명판을 세우고 결혼
기념품으로 간직하기도 한다. 취향에 따라 매우 화려하게 장식하기도 하고 겨울에는 나뭇가지 사이에
반짝이는 조명을 달아서 북유럽의 마법을 살리기도 한다.

25년 후의 은혼식에서 다시 한 번 이런 아치를 제작하기도 하는데 이번에는 집 정문 앞에 설치해 그들이
함께했던 지난 세월을 축하한다.

달라호스

반짝반짝 윤이 나는 새빨간 달라호스Dala horse는 스웨덴의 전통과 국가의 자부심을 상징하는 아이템이다. 이교도 신앙을 갖고 있던 바이킹에게 말은 가까운 친구나 동반자 같은 존재였다.

북유럽 신화의 주신 오딘Odin의 명마 슬레이프니르Sleipnir는 쓰러진 전사들을 등에 태우고 발할라(Valhalla, '전사자들의 집'이란 뜻으로 일종의 이상향)까지 갔다는 전설도 있다. 하지만 AD 1000년경 북유럽에 기독교가 전파되면서 교회는 모든 이교도적인 것을 거부했고 그중에는 이교의 상징이었던 말도 포함되었다. 16세기 중반에는 집에서 누군가 목각 말을 조각하면 그 집에 흉년이 들 것이라는 소문이 돌기도 했다. 하지만 터무니없을 정도로 오랜 논쟁의 주제였던 이 평범한 목각 말 인형은 사실 길고 긴 겨울밤에 농부의 아이들이 갖고 놀던 장난감일 뿐이었다. 이 조각에 색깔을 입히고 정교한 장식을 넣으며 완성도가 높아졌고 19세기 즈음 목각 말 제작은 스웨덴 중부 달라르나 지방을 대표하는 특산품이 되었다. 그 가운데서도 베리칼라스Bergkarlas, 리사Risa, 바트나스Vattnas, 누스나스Nusnas 이 네 개의 마을에 달라호스 제작 공장이 세워졌고 현재에도 같은 곳에서 사업이 이어지고 있다. 달라호스는 빨간색이 가장 흔하고 대량생산이라 해도 전부 수공예이며 통나무를 깎아 만드는 전통과 쿠르비츠 그림은 여전히 이어지고 있다 19세기 중반에 달라호스는 스웨덴 왕국의 자부심이 되었고 세계수공예연합회에 선정되어 파리만국박람회에서 스웨덴을 대표하기도 했다. 스웨덴의 자랑거리 달라호스는 수십 가지 형태와 모양으로 응용되며 전 세계인들에게 행운을 가져오는 마스코트가 되었다.

NATURALLY
NORDIC
대자연의 아름다움을 느끼다

피오르

피오르 fjords는 노르웨이에만 있는 특수한 지형으로 아는 사람이 많지만 사실 전 세계에 피오르가 있으며 아이슬란드, 알래스카, 칠레, 그린란드의 해안에도 널리 발달되어 있다. 그러나 '피오르'라는 단어는 노르웨이어에서 나왔고 과거 빙하가 흐르던 높고 가파른 절벽 사이를 흐르는 길고 좁은 협만을 가리킨다.

운 좋게 높은 산이나 깎아지른 절벽으로 둘러싸인, 한 폭의 그림처럼 아름다운 북유럽의 골짜기를 여행해본 사람은 과거 이곳을 지나갔던 여행자들의 메아리를 느끼게 될지도 모른다. 이 계곡만 돌아가면 안개 속에서 바이킹 범선 한 척이 서서히 모습을 드러낼 것만 같다.

피오르의 자격을 얻으려면 길이가 길기보다는 폭이 좁아야 하며 적어도 삼면에 높고 가파른 절벽이나 산맥이 있어야 한다. 대부분의 피오르는 생각보다 수심이 깊고 넓이는 최대 3킬로미터가 넘는다.

빙하시대에 형성되었다는 것이 정설이며 여러 빙하기를 거쳐 깊은 계곡이 만들어진 것이다. 먼저 해안의 거대한 빙하들이 바다를 이동하며 수심보다 훨씬 깊은 계곡의 바닥까지 침식시켜서 U자형의 골짜기를 만든다. 이 빙하가 소멸되면서 거대한 틈으로 바닷물이 유입되고 해면이 상승하면서 피오르가 이루어진 것이다. 노르웨이에서 가장 유명한 송네피오르 Sognefjord는 전 세계에서 두 번째로 긴 피오르로 수심이 최대 1300미터에 달한다. 대부분의 피오르의 중심부는 수심이 깊지만 가장자리는 얕고 자갈과 모래가 있으며 바다보다는 수면이 훨씬 더 잔잔하여 자연스럽게 항구 역할을 하게 되었다.

노르웨이 피오르를 따라 수많은 관광 및 교육 상품이 있어 이곳의 역사와 자연에 관심이 있는 사람들은 그동안 궁금했던 모든 정보를 배울 수 있고 평생 잊지 못할 신비로운 풍경까지 기억 속에 담아 갈 수 있다.

오로라 보레알리스

북녘의 오로라 혹은 '북극의 빛'이라 불리는 마술 같은 장관을 만날 때 우리는 그저 넋을 잃고 바라볼 수밖에 없다. 나도 모르게 벅찬 감동으로 눈물을 흘리거나 말로 형용할 수 없는 전율을 느끼기도 한다. 지금 내 눈앞에서 황홀한 '영혼들의 춤'이 펼쳐지고 있으니 말이다.

라틴어로 오로라^{aurora}는 '해돋이'라는 뜻이고 아우로라^{Aurora}는 로마 신화 속 새벽의 여신 이름이며 보레아스^{Boreas}는 그리스 신화의 거친 북풍의 신이다. 오로라 보레알리스^{aurora borealis}는 자연이 빚어낸 빛의 향연으로 태양풍이나 태양에서 방출된 전자나 양성자가 고속으로 날아오다가 지구 자기장에 갇히고 지구 대기 속의 산소, 질소 등의 입자와 충돌하며 생기는 현상이다. 이 충돌이 에너지로 전환되면서 북극 주변의 하늘에 영롱한 빛을 만들어내는 것이다.

오로라는 여러 가지 빛깔로 이루어져 있지만 그중 청록색이 가장 흔하다. 오로라의 색깔은 충돌이 일어날 때 공기 중에 함유된 산소와 질소의 양에 따라 달라진다. 고위도 지방에서는 질소가 많아 대체로 붉은색과 녹색이 자주 보이고 저위도 지방은 보라색과 푸른색일 경우가 많지만 이런 색상들에 자연스럽게 다른 색상들이 섞이기도 한다. 이 경이로운 빛을 볼 수 있는 최상의 시기는 춘분과 추분이다. 광도 또한 다른데 보일 듯 말 듯 약할 수도 있고 책을 읽을 수 있을 정도로 강할 때도 있다.

수천 년 동안 이 신비로운 현상에 매혹된 사람들은 오로라 보레알리스를 보며 상상의 나래를 펼쳤다. 바이킹은 이 빛을 따라가면 신들의 거처인 아스가르드까지 닿을 수 있다고 믿었고 핀란드인들은 오래전부터 오로라를 레본툴레트^{revontulet}라고 불렀는데 이는 '불의 여우'이라는 뜻이다. 라플란드의 원주민 전설 속에 나오는 불의 여우가 눈을 따라 뛰어다니다 큰 꼬리를 쳤을 때 발하는 빛이 하늘로 올라가 오로라가 되었다는 것이다. 또한 여전사 발키리가 갑옷을 입고 하늘을 날면 빛이 나는데 이것이 오로라라는 설도 있다.

모스크스트라우멘

마엘스트롬maelstrom이라는 단어는 네덜란드어 말렌malen과 스트룸stroom을 합친 것으로 '계속되는 물줄기'라는 뜻이다. 그중에서도 모스크스트라우멘Moskstraumen은 너무나 유명해 하나의 전설이 되어버린 마엘스트롬으로 노르웨이 로포텐Lofoten 군도의 서쪽 해안에서 발생한다.

모스크스트라우멘은 세계에서 가장 크고 가장 강력한 소용돌이로 명성이 높으며 새로 생겼을 때와 보름달이 들 때 가장 힘차다. 바다의 일부가 무시무시한 속도로 빙글빙글 돌면서 안으로 빨려 들어갈 듯 거세게 움직이는데 때로는 10-12노트(시속 20킬로미터)의 속도로 회전한다. 이 소용돌이의 힘에 대해서는 이미 2000여 년 전 고대 그리스 탐험가인 피테아스(Pytheas, BC 350~BC 285)가 북부에 엄청나게 위험한 소용돌이가 있다고 기록했다. 이후 노르웨이 전설들을 모은 13세기의 책《에다Edda》에도 모스크스트라우멘이 등장했고 최근에는 에드거 앨런 포나 페테르 다스(17세기 노르웨이 시인)나 쥘 베른 같은 작가들이 이 자연현상에 영감을 받은 작품을 남겼다. 하지만 마엘스트롬의 공포를 과장하기 위해 커다란 배가 심연으로 빨려 들어가는 장면을 묘사한 이야기나 그림은 예술가들의 상상력이 첨가되었음을 감안해야 할 것이다. 보통 모스크스트라우멘의 넓이는 4킬로미터이고 깊이는 60미터에 달하지만 주변의 바다보다는 수심이 얕은 편이다. 다른 마엘스트롬과는 달리 모스크스트라우멘은 바다 한가운데에서 일어나며 더 크고 더 강력하다. 이 신기하고 무시무시한 광경을 보고 싶어 하는 관광객들을 위해 배가 운행되기도 하는데 만약 이 배를 타게 된다면 모자를 조심하고 난간도 꼭 붙들고 있는 편이 좋겠다.

백야

24시간 동안 햇살이 비친다면, 그리고 그것이 몇 달 동안 계속된다면 어떨까? 유럽에서 사람이 거주하는 최북단 지역인 노르웨이의 스발바르Svalbard 제도에서는 대략 4월 중순부터 8월 중순까지 밤에도 해가 지지 않는다. 그리고 그 해의 나머지 기간에는 해가 거의 뜨지 않는다.

'백야'라고 알려진 이 현상은 북극이나 남극 주변에 위치한 지역에서 나타나는 자연현상이다. 지구의 자전축 기울기 때문에 태양은 여름철에는 지평선 아래로 해가 떨어지지 않고 저 멀리 보인다. 북극과 남극 정중앙에서는 햇살은 일 년에 단 한 번만 지평선 위로 올라오고 6개월 후에 지평선 밑으로 들어가면서 길고 긴 겨울이 시작된다.

일반적으로 낮에는 태양빛이 강하고 주변은 온통 밝고 희다. 하지만 오후를 지나 밤이 되면 보다 부드러운 주홍빛의 '한밤중의 태양Midnight Sun'으로 변하는데 이것을 '극의 낮Polar Day'이라고 부른다. 매우 온화하고 아늑한 빛깔로 이 빛을 오래오래 바라보며 상처를 치유하고 내면의 평화를 찾았다고 고백하는 이들도 있다. 하지만 지속적인 햇빛은 일종의 '경조증'을 유발하기도 하며 지나치게 흥분하거나 환희에 빠지거나 안절부절 못하거나 공격적이 되기도 한다. 이런 부작용들은 북극의 어두운 밤이 찾아와 다시금 깊은 잠을 자게 되면 자연스럽게 사라진다.

지열 온천장

아이슬란드의 지열 온천장Geothermal Pools은 몇 번을 봐도 신비롭다. 화산 활동으로 뜨거워진 바위가 물을 따뜻하게 데우고 물 위로 수증기가 피어오른다. 뜨거운 온천수에 목까지 푹 담그고 있으면 중세 시대 바이킹 전사들이 격한 전투를 마치고 돌아와 지치고 더러워진 몸을 씻어내고 피로를 푸는 광경이 그려지기도 한다. 아이슬란드의 전통인 노천 온천욕은 굉장히 오래전부터 이어온 것으로 바이킹 시대에 쓰이던 몇 개의 온천장이 아직까지도 이용되고 있다. 아이슬란드에는 여러 개의 지열 노천 온천장이 있지만 그중 가장 아름답기로 유명한 곳은 섬 서쪽에 있는 스노라뢰이그Snorralaug와 그레티스뢰이그Grettislaug이다.

여름에 지구에서 가장 북쪽에 위치한 수도인 레이캬비크에 가면 눈처럼 흰 모래가 깔린 작은 해변에 주민과 관광객들이 다들 모여서 미네랄이 풍부한 지열 온천장에서 온천욕을 즐기는 광경을 볼 수 있다. 이 미네랄은 피부병, 특히 건선이나 습진에 효능이 있는 것으로 알려져 있다. 여름이라도 아이슬란드의 기온은 채 15도가 되지 않지만 지열 온천장의 온도는 몸을 담그기 딱 좋은 37도에서 39도 정도이다. 물에 함유된 광물의 종류에 따라 온천장들이 각각 다른 색깔을 띠는데 영롱한 푸른색이기도 하고 선명한 진초록색일 때도 있다.

아이슬란드 여행 중이고 온천욕을 해보고 싶지만 유명한 해수 온천장이 너무 멀어 고민이라면 걱정을 내려놓을 것. 당신의 숙소뿐만 아니라 주변에 동네 주민들이 자주 찾는 마을 온천장이 분명 있을 테니 그곳을 찾아내 합류하기만 하면 된다.

아이슬란드 말

덴마크 페로 제도Faroe Islands에서는 양이 사람과 자리 경쟁을 할 정도로 많다고 하는데 아이슬란드에는 야생마들이 그만큼 많다. 인구는 30만 명이고 말은 10만 마리나 된다.

AD 871년 노르웨이 추장인 잉골퓌르Ingólfur와 그의 동생 레이퓌르Leifur가 부족들과 함께 아이슬란드로 이주해 최초의 정착민이 되었다. 그들은 가족처럼 키우던 건장한 말들도 데리고 왔다. 얼마 후에 영국, 아일랜드, 스칸디나비아 반도의 다른 나라 이주민들도 아이슬란드에 새 보금자리를 틀었는데 그들 또한 말과 동행했다. 이 지역의 넓은 들판이 가축 키우기에 적당했고 모든 동물들을 자유롭게 풀어놓고 키웠기 때문에 얼마 지나지 않아 이 말들이 섞이며 순수 혈통의 아이슬란드 야생마가 되었다.

몸집은 작지만 기운이 넘치는 아이슬란드의 말은 매우 독립적이다. 대체로 300~500마리가 떼로 몰려다니며 방목되고 있다. 멀리 떨어진 고원에서 풀을 뜯고 포식자들도 알아서 쫓아내거나 피하며 바위투성이 땅과 혹독한 날씨도 견뎌낸다. 보통 말에겐 평보, 속보, 구보 등 세 가지 걸음걸이가 있지만 아이슬란드 말은 '오행마five-gaited' 동물로 특이하게 다섯 가지 걸음걸이가 있다. 아이슬란드인들은 장거리를 이동할 때 말에게 크게 의지했는데 먼 길을 조금 더 빠르고 편안하게 가길 원하면서 말의 걸음걸이가 이런 식으로 진화한 것으로 보인다.

이 품종은 오랜 기간 순수 혈통으로만 유지되었고 아이슬란드 외부에 사는 말이 걸리는 병에 취약하여 이종 번식을 하면 위험하다. 따라서 이 섬을 한번 떠난 말들은 다시 돌아올 수가 없고 타지의 말이나 중고 장비도 수입할 수 없도록 법으로 지정되어 있다. 그렇게 해서라도 강하지만 작은 이 말의 안전과 건강을 지켜야 하기 때문이다.

그린란드 빙모

그린란드 빙모Greenland ice cap는 그린란드어로 세르메르수아크(Sermersuaq, 그린란드 빙상)로 불린다. 엄청난 규모로 171만 제곱킬로미터의 면적을 덮고 있으며 가장 넓은 빙하의 폭은 1100킬로미터, 두께는 3킬로미터에 달한다. 지난 수천 년 동안 이 거대하고 무거운 빙하가 땅을 밀어내고 현재 지구 육지의 형태를 이루었다.

모자처럼 생겼다고 해서 빙모라 불리는 이것은 돔 모양으로 된 두 개의 얼음층에서 솟아오르는데 북쪽의 돔은 3000미터에 달하고 남쪽의 돔은 그보다 약간 낮다.

그린란드에는 기원전 2500년 전부터 여러 팔레오 에스키모Paleo-Eskimo 부족들이 살고 있었고 AD 986년에 북유럽 사람들이 이 땅에 도착하기 전에 적어도 세 이누이트 에스키모Inuit-Eskimo 그룹이 이 척박한 땅에서 삶을 꾸려나가고 있었다.

육지의 80퍼센트가 빙하로 덮인 이 얼음덩어리 섬이 그린란드라니 약간 아이러니하게 여겨질지 모른다. 그린란드라는 명칭은 이곳에 첫 정착지를 건설한 전설적인 노르드인 탐험가 '붉은 에릭'이 붙인 이름이라고 한다. 그가 살인죄로 추방되어 그린란드까지 간 후에 고향 사람들을 끌어들이기 위해 일부러 '그린란드'라고 짓고 살기 좋은 땅처럼 소문을 냈으니 다분히 사기에 가까운 것이다.

빙하 하이킹을 해보고 싶지만 날씨와 장비가 걱정이라면 안심해도 좋다. 트래킹 여행사나 여행 상품들은 관광객들을 위해 장비들을 모두 마련해놓고 있으니 그저 두툼한 양말과 따뜻한 장갑, 모자만 챙기고 나서면 된다.

굴포스

아이슬란드의 가장 유명한 폭포인 굴포스^{Gullfoss}는 폭넓게 굽이쳐 흐르다 계단 형태의 야트막한 3단 폭포를 이루고 순식간에 좁은 골짜기로 직하하며 크비타^{Hvítá} 강에 하얀 포말을 만들어낸다. 크비타 강은 40킬로미터 상류에 있는 거대 빙하 랑요쿨^{Langjökull}에서 뻗어 나온 강으로, 녹아내린 빙하의 침전물 때문에 강물이 약간 갈색처럼 보인다. 하지만 햇살이 비추면 굴포스 즉 '황금빛 폭포'가 되면서 이름의 비밀이 밝혀진다. 물이 바닥으로 쏟아져 내려오며 밝은 금색으로 빛나는 것이다. 또한 급강하하는 폭포에는 수십 개의 무지개가 어리며 역동적인 형태에 다양한 색깔이 합쳐져 장관을 이룬다. 겨울이면 폭포는 반쯤 얼어 두꺼운 얼음과 반짝거리는 거대한 고드름으로 덮인다.

엄청난 양의 물이 계곡 쪽으로 이동한다. 겨울이면 초당 80입방미터의 속도로 빠르게 흐르고 여름이면 초당 120입방미터로 흐른다. 최고 기록은 매우 인상적이지만 매우 위험하기도 한데 물이 초당 2000입방미터의 속도로 흐른 적도 있다고 한다. 오늘날 이 폭포는 아이슬란드 여행자들이 최고로 손꼽는 관광지가 되었지만 이는 모두 시그리두르 토마스도티르의 끈질긴 노력 덕분이다. 19세기 말 민간투자자들이 굴포스의 수력을 이용해 수력발전소를 건설하려 했지만 땅의 주인이었던 그녀의 아버지 토마스가 투자자들의 압력을 이겨내고 이 폭포를 지켰다. 이 부녀 덕분에 굴포스가 오늘날까지 무사히 남아 있게 된 것이다.

험한 날씨에 굴포스의 웅장한 자태를 보려는 관광객들은 특히 조심해야 한다. 바람이 세차게 몰아쳐 가장자리에 서 있으면 위험할 수 있다. 겨울이면 길은 무척 미끄러우니 반드시 조심조심 걸으시길!

아이스 스위밍

부르르르! 당신에게는 인간의 한계를 시험하는 극기 훈련이지만 많은 스칸디나비아인들에게는 아무렇지도 않은 일이고 때로는 즐거운 취미 생활이 되기도 한다. 바로 아이스 스위밍Ice Swimming이다.

아주 오래전부터 북유럽 사람들은 겨울 수영 혹은 그들이 '몸 담그기'라고 부르는 얼음 수영을 취미로 즐겨왔다. 옛날 전통 방식은 먼저 두꺼운 얼음에 한 명 정도 드나들 만큼 작은 구멍을 뚫고 안에 잠깐 들어가 정신을 바짝 차리고 나오거나 한두 명이 물놀이를 할 수 있을 정도로 넓게 뚫어서 들어갔다가 나온 다음 바로 뜨거운 증기가 나오는 사우나에 들어가는 것이다. 물론 운 좋게도 근처에 사우나가 있을 경우에 말이다. 오늘날에도 겨울철 스칸디나비아에서는 냉수욕을 하는 사람들을 흔히 목격할 수 있다.

하지만 더 강한 자극을 원하는 마니아들은 이것을 취미로만 내버려두지 않고 국제적인 행사로 만들어냈다. 2000년에 처음 개최된 '겨울수영세계챔피언십'에는 점점 더 많은 참가자들이 몰리고 있다.

정식 행사가 되려면 물의 온도는 최소 5도 이하여야 하고 승자가 되기 위해서는 정해진 거리를 가장 짧은 시간 안에 왕복해야 한다. 물론 얼음물에 뛰어들기 전에 주의 사항을 철저히 지켜야 한다. 아이스 스위밍은 기억력 향상, 만성 질환 약화, 스트레스 저하에 큰 도움이 된다고 알려져 있다. 2009년 남아프리카 출신으로 오픈 워터 수영 세계 기록 보유자 람 바카이Ram Bakai가 국제아이스스위밍협회를 설립했고 이 경기를 동계올림픽 정식 종목에 채택해달라는 안건을 제출했다.

사우나

핀란드 사우나 안으로 들어가는 경험보다 더 완전한 경험은 잘 생각나지 않는다. 부드럽지만 강하게 피부를 감싸는 후끈한 증기, 마치 숲에 들어온 듯 향기로운 원목의 향기, 평화로운 정적, 아무것도 하지 않고 앉아만 있어도 되는 여유, 정신없이 돌아가는 저 시끄러운 바깥세상과의 차단. 적어도 얼마 동안은 이런 순간이 지속될 수 있으니 얼마나 다행인가.

핀란드에서는 사우나 없는 집을 찾아보기 힘들다. 집 안에 설치되어 있지 않다면 뒷마당의 작은 창고에 있을 것이다. 때로는 아파트나 사무실 건물 지하에 사우나가 있는 경우가 많다.

'사우나Saunas'라는 단어는 고대 핀란드어에서 유래되었고 목욕 기술과 목욕탕 자체를 모두 의미한다.

핀란드 사우나의 가장 오래된 흔적은 땅 밑으로 경사지게 깊게 판 구멍으로 당시에는 겨울철 생활공간으로 이용되기도 했다. 이 공간에는 커다란 바위를 겹쳐 만든 벽난로가 있는데 약간 그슬린 흔적이 있어 최초의 핀란드 사우나로 여겨지고 있다. 길고 추운 겨울에는 약간의 열기도 큰 도움이 된다!

사우나의 온도는 보통 70도에서 80도 사이지만 때로 100도에 가까울 때도 있다. 사우나에 익숙해지면 이 정도 고온은 충분히 견딜 수 있다.

사우나의 효능은 이미 수차례 입증된 바 있다. 의사들도 스트레스, 근육통, 피부병 등으로 고생하는 환자들에게 치료 목적으로 사우나를 권하고 있으며 유해 노폐물 분비나 혈액 순환 촉진 및 면역 기능 증대에도 좋다고 알려져 있다. 또한 만성피로와 불면증 해소에도 효과가 있다고 한다. 효과는 강력하면서 가격은 저렴한 건강 지킴이가 아닐 수 없다.

휘게

덴마크는 세계 행복 보고서에서 행복한 나라 1위로 꼽히곤 한다. 덴마크 사람들의 행복의 비결은 무엇일까?
어떻게 이 사람들은 내면의 평화를 유지하며 자기 삶에 만족하는 것일까? 그 비밀이 덴마크 사람들이 사랑하는
개념인 휘게Hygge라고 하는 이들이 많다. 원래 노르웨이어로 '웰빙'이라는 뜻이었으나 덴마크인들이 만족스러운
삶의 필요충분조건을 설명하는 독특한 문화이자 개념으로 변화시켰다. 휘게는 삶의 본질이란 편안함, 유대감,
단순함, 안정감, 가족, 자기 확신에 있다는 태도이다.

휘게와 함께한다는 것은 곧 하루하루를 즐겁고 의미 있게 살고 삶에서의 우선순위를 소중히 여기고
즐긴다는 뜻이다. 활동적으로 살기, 가족과 많은 시간 보내기, 맛있는 음식 만들어 먹기, 친구들 자주 만나기,
때로는 혼자 커피 한 잔을 마셔도 집에서 가장 좋은 그릇 꺼내기 같은 태도다.

나의 자긍심과 내적인 만족은 일상 속의 나의 행동으로 이어지고 나를 둘러싼 주변 사람들에게도 긍정적인
영향을 준다. 어떤 면에서 이것은 내가 다른 사람들의 인생에 책임이 있고 그 반대도 성립된다는 의미다.
크리스마스는 휘게가 절정에 이르는 시즌으로 덴마크 사람들은 모든 정성을 기울여 이 시간을 준비한다.
가장 먼저 길고 캄캄한 겨울밤을 지키기 위한 최고의 무기를 꺼내는데 바로 양초들이다. 아주 많은 양초들이
이때 밖으로 나온다. 눈 오는 날 친한 친구들과 산책을 나가 뺨에 차가운 겨울바람을 느끼고 다 같이
눈싸움도 한 판 한 뒤 양초와 초콜릿과 갓 구운 빵 냄새가 가득한 포근한 집으로 돌아오는 것, 이것이야말로
멋지고 유쾌한 휘게다!

개썰매

지난 수천 년 동안 인류는 사냥과 여행에 개를 이용해왔다. 하지만 1890년 알래스카의 골드러시 동안 오락을 위한 개썰매Dog Sledding 경기가 보편화되기 시작했다. 스칸디나비아인들이 북구의 기후와 완벽하게 들어맞는 이 박진감 넘치고 속도감 있는 스포츠를 즐긴다고 해서 비난할 사람이 어디 있겠는가?

이 스포츠의 인기가 갑자기 높아진 시기는 1920년대 스칸디나비아였다. 썰매견으로는 사람을 잘 따르고 에너지가 넘치는 시베리언허스키들이 선택되었다. 이 견종은 놀라울 정도로 촘촘하고 두터운 두 겹의 털로 덮여 있고 지구력과 회복력을 겸비하고 있어 혹독한 북구의 기후와 완벽하게 맞았다.

개썰매 경주는 최근 가장 빠른 성장 추세를 보이는 스포츠 가운데 하나로 다음 세 종목으로 나뉜다.

놈 스타일Nome Style

조종수는 네 마리에서 여덟 마리가 끄는 썰매를 끌고 속도나 거리로 경쟁을 한다. 스칸디나비아에서 열리는 최장거리 경기는 핀마르크슬로펫Finnmarksløpet으로, 무려 1000킬로미터가 넘는 거리를 달려야 한다! 남녀 대회가 따로 나뉘지는 않으며 15세 이상이면 성인 자격으로 참가할 수 있다.

노르딕 스타일Nordic Style

개 한 마리가 끄는 스키나 작은 터보건(toboggan, 스포츠용 목재 썰매)을 탄다. 단거리 경주에 적합하다.

노 스노No Snow

개 뒤에서 달리거나 자전거를 타거나 바퀴가 네 개 달린 카트를 조종하는 것이다. 대략 3-10킬로미터 이어지는 레이스로 다른 종목과 마찬가지로 번개처럼 빠르다!

라플란드 순록

사방이 꽁꽁 언 북유럽의 혹독한 겨울에 순록의 코를 만질 기회가 있다면 이보다 따스하고 부드러운 것도 찾기 힘들다는 사실을 알게 될 것이다. 스칸디나비아 반도 중에서도 북단에 있는 라플란드Lapland는 한겨울에는 폭풍이 휘몰아치고 거대한 빙설과 눈으로 뒤덮인 춥고 황량한 설원이 된다. 그러나 이렇게 모진 기후 조건 안에서 뿔이 달린 이 초식동물은 우아하고 고고한 안주인이 된다.

순록의 털은 두 겹으로 되어 있다. 피부를 덮고 있는 속털은 매우 두껍고 빽빽하다. 반면 겉털은 듬성듬성 나 있어 공기가 쉽게 드나들어 체온을 유지시킨다. 이 순록들의 뿔은 계절에 따라 달라지며 적응하는데 여름에는 스폰지처럼 폭신폭신해져 열매들을 쉽게 잡을 수 있고 겨울이면 수축하면서 단단해져 몇 겹의 눈과 얼음을 깨거나 파기도 하고 땅이나 바위나 나무껍질 사이에서 먹이를 찾을 수 있다. 북극 지방에는 순록을 가축으로 키우는 원주민들이 많다. 라플란드의 설원에서 살고 있는 유목민 사미족은 순록을 잘 다루기로 유명하며 고기와 가죽 등을 팔아 생계를 유지한다. 순록 떼는 호수와 산맥, 툰드라, 깊은 숲으로 가득한 이 독특한 풍경 속을 자유롭게 흩어져서 생활하지만 귀가 약간 잘려 있는 것은 주인이 있는 순록임을 의미한다. 이 마을에서 절대 하지 말아야 할 일은 처음 보는 순록 주인에게 몇 마리 키우느냐고 묻는 것이다. 이것은 마치 당신 은행에 잔고가 얼마나 있냐고 묻는 것과 마찬가지다. 순록은 계절마다 이동한다. 매년 5월에는 5만~50만 마리가 분만 장소로 찍어둔 곳으로 이동해 여름을 그곳에서 머물며 힘을 비축하고 새끼를 키운다. 가을이 오면 보다 소규모의 떼들이 짝짓기를 위해 이동한다. 겨울에는 추위와 천적을 피해 깊은 산속에 머물기도 한다.

국제북극스키대회

국제북극스키대회는 세계에서 가장 극단적인 크로스컨트리 스키 경기를 표방하고 있으며 160킬로미터의 스키 경기에 참가해본 사람이라면 모두가 그 말에 동의할 것이다. 선수들은 3일 동안 문명 세계와는 완전히 동떨어져 끝도 없이 설원만 펼쳐지는 65킬로미터의 오지를 달려야 한다. 그리고 그린란드에서 최북단에 위치한 부동항(겨울에도 얼지 않는 항구)인 시시미우트Sisimiut를 지나가게 된다. 평생에 한 번 있을까 말까 한 모험이 아닐 수 없다!

이 경기는 3월 말이나 4월 초에 열리지만 가장 험난한 극지방을 관통하기 때문에 누구나 쉴 새 없이 휘몰아치는 눈보라와 마주해야 한다. 산맥을 건너고 호수를 지나 야생동물 바로 옆을 스치고 완벽한 황무지를 달리며 넘치는 자유와 고독을 경험하기도 한다. 3일 동안 참가자들은 그날의 목표에 따라 일정한 거리를 스키를 타고 이동한 후 밤에는 캠핑을 한다. 주최 측은 이 대회를 가능한 한 환경친화적인 행사로 유지하려 한다. 참가자들은 자기가 사용할 식기와 컵을 지참해야 하고 일회용은 금지된다. 북극 지방에서는 이런 물건이 부패하는 데 걸리는 시간이 다른 유럽 지역의 열 배가 넘기 때문이다. 최초의 경기는 1998년에 개최되었고 이 '겨울 극한 스포츠의 최고봉'에 참가하는 선수들의 숫자는 매년 증가해 2014년에는 무려 470명의 투지 넘치는 스키 선수들이 참가 신청을 했다. 하지만 참가자들의 안전과 음식과 식수 공급을 책임지는 이 지역의 자원봉사자들이 없다면 이 경기는 아예 열릴 수가 없을 것이다.

베르겐스바넨 철도

노르웨이의 유명한 베르겐스바넨^{Bergensbanen} 철도는 세계에서 차창 밖 경치가 가장 아름다운 철로 중 하나로 꼽힌다. 기차는 북유럽에서 가장 고도가 높은 지역을 지나는데 해발 1237미터의 하르당에르비다^{Hadangervidda} 고원을 통과한다. 서부 해안의 베르겐에서 출발해 노르웨이의 수도 오슬로까지 총 371킬로미터이며 7시간이 걸린다. 승객들은 더없이 편안한 기차에 앉아 이제까지 본 어떤 풍경보다 더 낯설고 유려하며 순수한 풍경과 조우하게 된다.

노르웨이의 두 대도시 사이에 철도 노선을 만들자는 아이디어는 1871년에 처음 나왔지만 이 설계도를 그리는 날부터 최초의 기차가 전 구간을 달린 공식 개장일까지는 총 37년이 걸렸다. 철도 건설에는 그즈음 노르웨이와 스웨덴 사이의 철도 공사 경험이 있는 스웨덴 노동자들이 투입되었다. 공사가 한창일 때에 한 번에 1800명의 노동자들이 일하기도 했다. 이 철로는 험준한 산맥과 울창한 삼림을 지나고 반짝이는 피오르와 어둡고 깊은 터널을 지나기도 한다. 차창 밖 경관은 너무도 다채롭고 반전이 넘쳐 눈앞에서 계속해서 절경과 비경의 잔치가 벌어지는 것만 같다. 지대는 험하고 고도는 높으며 겨울에는 폭설이 몰아쳐 근처에 공사 자재를 들여올 수 있는 도로가 거의 없다는 사실을 고려하면 이 구간에 철도를 놓고 113개의 터널을 건설한다는 것이 얼마나 고되고 위험한 작업이었는지 쉽게 상상할 수 있다. 당시 노동자들은 하루에 12시간을 일하면서 겨우 2.55노르웨이크로네(40센트, 0.25파운드)를 받았으니 이 길을 지나갈 때 이름 없는 노동자들의 땀과 노력을 한 번쯤 되새겨보는 것도 좋을 것이다. 그런 다음에는 위대한 자연의 심장을 통과하며 죽기 전에 꼭 보아야 할 천혜의 절경을 감탄하고 즐기기만 하면 된다.

란드만날라우가르

아이슬란드의 활화산 헤클라에서 그리 멀지 않은 곳에 유명한 하이킹 허브인 란드만날라우가르^{Landmannalaugar}가 있다. 이곳에서 시작하는 여러 개의 트래킹 패스 중 하나를 고른 다음 출발하면 다채로운 빛깔을 띤 산과 들판이 이어진다. 흘러나온 용암으로 이루어진 노란색, 갈색, 녹색, 분홍색, 검은색, 흰색, 보라색의 대지를 눈에 가득 담으며 걷고 또 걷기만 하면 된다.

란드만날라우가르까지 가는 네 개의 루트가 있으나 자동차로 진입할 수 있는 곳은 단 한 루트뿐이다. 다른 루트는 너무 험해서 차량 운행이 불가능하다. 딱 하나 있는 차도도 만만한 길은 아니다. (사륜 구동차만 가능한 'F' 로드이기 때문에 렌트카는 진입할 수 없다.) 따라서 다른 세 개의 패스는 오직 튼튼한 두 다리만 믿고 가야만 한다. 운이 좋아 이 지대에 익숙한 건장한 아이슬란드의 말을 구할 수 없다면 말이다.

란드만날라우가르('사람들의 수영장'이라는 뜻이다)는 매우 유명한 관광지이기 때문에 다양한 코스가 준비되어 있다. 보통 베이스캠프에서 4일 코스의 트랙을 선택하여 다양한 지리적 환경을 감상하며 걷는다. 장엄한 산맥과 온천을 통과하고 고대에 흘렀던 용암과 드넓은 목초지도 지나간다. 만약 4일 동안 야외에서 걷는 것이 무리라면 짧게는 한 시간에서 길면 하루 코스의 트랙도 있으니 그중 하나를 선택할 수도 있다. 물론 하루의 모험이 끝나면 베이스캠프 근처에 당신의 지친 근육을 풀어줄 뜨거운 자연 온천장이 기다리고 있다. 6월부터 9월 말 사이에만 갈 수가 있으며 나머지 달에는 날씨가 너무 험하여 트랙이 폐쇄된다.

칵슬라우타넨 호텔

스칸디나비아에서 가장 특이한 휴가를 보내고 싶다면 핀란드의 가족이 운영하는 칵슬라우타넨 호텔Hotel Kakslauttanen에 묵어보자. 호텔방에 누워서도 밤하늘의 쏟아지는 별을 바라볼 수 있으며 멀리 가지 않고도 계속 놀랍고 신기한 체험을 할 수 있다. 아마 평생 동안 지니게 될 소중한 추억을 만들게 될 것이다.

북극권 한계선에서 북쪽으로 250킬로미터 가면 나타나는 이 호텔에는 '따뜻한' 방이 있고 '추운' 방이 있다. 따뜻한 방은 전통 통나무집일 수도 있고 이 호텔에만 있는 환상적인 글라스 이글루일 수도 있다. 호텔 객실들은 그저 신기할 뿐인데 한밤중에는 영하 30도까지 떨어지는 이 추운 밤에도 방의 온도를 일정하게 유지시켜주는 특수 유리를 사용했다. 이글루 유리는 특수 제작되어 서리가 끼지 않으며 그것은 곧 포근한 침대에 누워서도 숨막히는 오로라의 장관까지 볼 수 있다는 뜻이다.

추운 방을 선택하면 진짜 눈으로 된 이글루에서 하룻밤을 지낼 수 있다. 얼음으로 된 두꺼운 벽으로 지어졌기에 소음이 차단되고 객실 온도는 영하 3도에서 6도 정도로 유지된다. 하지만 투숙객들은 예쁘고 따뜻한 슬리핑백을 받고 양말과 모자를 쓰기 때문에 이 정도라면 충분히 낭만적인 하룻밤을 보낼 수 있다. 이렇게 환상적인 체험을 한 다음 날에는 개썰매를 타거나 크로스컨트리 스키를 하거나 북극해 관광을 하거나 근처의 스노 채플이나 아이스 갤러리에 가면 된다. 혹은 숙소 안에 얼음으로만 만들어진 아이스 바에 가보거나 세계에서 가장 큰 스노 레스토랑에서 저녁을 먹을 수도 있다.

NORDIC BY DESIGN

북유럽 디자인의 매력에 빠지다

캐서린홀름 에나멜 주방용품

단순하고 예쁜 디자인의 클래식한 주방용품 캐서린홀름Catherrinnholm의 '로투스 플라워Lotus Flower' 시리즈는
보자마자 한눈에 반할 정도로 매력적이다. 단순하고도 부드러운 곡선, 에나멜의 매끄러운 광택, 다양한 색상의
조합, 그리고 절대 빠트리지 말아야 유명한 대칭 플라워 디자인은 누구나 탐낼 만한 아이템이 아닐 수 없다. 이
깔끔한 식기 디자인이 태어나기까지는 두 명의 노르웨이 디자이너의 공이 컸다.

그레테 프리츠 키텔센(Grete Prytz Kittelsen, 1917~2010)과 아르네 클라우센(Arne Clausen, 1923~1977)이다.
1960년대에 스칸디나비아 디자인 운동에 앞장선 아티스트이자 보석 디자이너로 각종 상을 휩쓸었던
키텔센은 노르웨이의 사업가 캐서린홀름에게 새로운 식기 컬렉션을 디자인해달라는 의뢰를 받았다.
키텔센은 빨강, 노랑, 주황, 초록, 파랑 같은 선명하고 화사한 색깔을 활용해 접시, 볼, 주전자, 팬 등의
주방용품을 제작했다. 또한 이 아이템들을 더욱 매끄럽게 완성해준 에나멜을 직접 발명하기도 했다. 이
에나멜은 이후에 출시된 거의 모든 캐서린홀름 제품에 사용되었다. 하지만 회사에서는 무언가가 빠졌다고
느꼈고 참신하고 개성 있는 패턴이 들어가면 더 멋스러운 제품이 되리라고 생각했다. 키텔센은 반대했지만
이 브랜드는 디자이너 아르네 클라우센에게 제품의 마무리 디자인을 맡겼다. 마침내 1962년 이 제품의
상징인 로투스 패턴이 탄생하게 되었고 그때부터 순조롭게 제작이 이루어졌다.

키텔센과 클라우센의 합작 아이디어가 빛을 발한 로투스 플라워 시리즈는 나오자마자 전 세계에서
불티나게 팔렸다. 캐서린홀름 브랜드에서의 제작은 1975년에 끝났고 오늘날 이 시기에 만들어진 오리지널
식기들은 인터넷 옥션 사이트에서 고가에 거래되고 있다. 이후 2012년에 설립된 덴마크 회사 루시카스에서
로투스 플라워 디자인을 이어받았고 디자이너 클라우센의 가족들도 참여해 클래식 디자인은 물론
스칸디나비아 감성의 다양한 에나멜 식기들을 지속적으로 생산하고 있다.

마리메코

1939년부터 1945년까지 핀란드는 소련-핀란드 전쟁을 포함해 세 차례의 독립 전쟁을 치렀다. 전쟁이 끝난 후 혜성처럼 등장한 마리메코^{Marrimekko} 디자인의 밝고 화려한 색감은 침체되었던 국민들에게 희망의 메시지를 불어넣어주었다. 이후 마리메코는 세계인들의 사랑을 한몸에 받으며 여성복, 아동복, 생활용품, 가방, 스카프, 액세서리 등 다양한 제품을 판매하는 라이프스타일 브랜드로 성장했다. 이 브랜드의 패턴은 강렬하고 감각적이지만 지나치게 튀지 않고 친근하다. 이 회사의 주장대로 "이 색상들은 소리 지르지 않고 스스로 빛날 뿐'이기 때문이다.

마리메코는 핀란드의 텍스타일 디자이너 아르미 라티아(Armi Ratia, 1912~1979)가 창업한 브랜드이다. 라티아의 남편 빌요^{Viljo}는 오일클로스(oilcloth, 기름을 칠한 방수천)를 프린트하는 작은 회사를 운영하고 있었는데 핀란드가 계속된 전쟁으로 외국의 옷이나 옷감을 수입할 여력이 되지 않자 라티아는 자신이 직접 디자인하고 생산한 패브릭을 팔기 시작했다. 그녀는 자신의 새로운 벤처기업을 마리메코라고 이름 붙였는데 이는 '마리를 위한 드레스'라는 뜻이다.

라티아에게는 모던하고 컬러풀하며 대담한 기하학적 패턴의 패브릭을 만들어 일상생활에 행복과 아름다움을 전해주고자 하는 비전이 있었다. 그녀는 고객들에게 패브릭의 잠재력을 보여주기 위하여 회사의 수석 디자이너 마이야 이솔라^{Maija Isola} 및 여러 디자이너와 의상을 제작해 1951년에 패션쇼를 열었다. 바이어들은 원단을 사서 자신의 아이템을 만드는 데는 크게 관심이 없었지만 이날 선보인 옷은 선풍적인 인기를 끌었다. 바로 그 다음 날 아침부터 마리메코 의류 생산이 시작되었다. 1953년부터는 디자이너 부오코 에스콜린 누르메스니에미가 합류하여 이솔라와 함께 라티아가 창조한 수백 개의 패턴들로 독창적인 스타일을 만들어내고 있다.

HELSINKI
HELSINKI
HELSINKI

크리스티안 베델의 나무 새

큰 것도 있고 작은 것도 있다, 뚱뚱한 것도 있고 날씬한 것도 있다. 마음에 드는 녀석으로 고르기만 하면 된다!
덴마크 디자이너 크리스티안 베델이 디자인하고 핸드메이드로 제작되는 이 귀여운 나무 새들은 질 좋고
혁신적인 스칸디나비아 디자인을 상징하는 대표 상품으로 자리매김했다.

1959년, 성공한 목공예 조각가이자 가구 제작자이며 인테리어 디자이너, 강연가였던 크리스티안
베델(Kristian Solmer Vedel, 1923~2003)은 어느 날 나무를 깎아 아빠 새와 엄마 새, 아이 새, 할머니 새가 모두
있는 새 가족을 만들어보면 어떨까 생각했다. 원래는 판매용으로 가장 작은 새만 제작에 들어갔지만
소비자들이 환영하자 다른 새 가족들도 하나씩 만들기 시작했다.

최근 이 사랑스러운 새들은 더욱 인기를 끌면서 그 어느 때보다도 활발하게 생산되고 있다. 물론 한 마리만
살 수도 있고 가족 세트를 살 수도 있다. 모두 덴마크의 작은 목재 공방에서 장인들이 15년 된 질 좋은
덴마크산 오크 나무를 이용해 조각한다.

새의 머리는 나무로 만들어졌지만 몸체와 고정되어 있지 않기 때문에 부리의 방향을 자유자재로 조절해
다양한 느낌을 연출할 수도 있다. 몸통의 위와 아래를 바꾸어
끼면 새의 성별이 바뀌기도 한다.

다른 스칸디나비아 디자인과 마찬가지로 이 새가 인기를 끈 이유는
'간결함' 때문이다. 베델은 모든 불필요한 디자인은 걷어내고
깔끔하고 단순하게 기본만을 남겨서 사람들의 마음을
사로잡았다.

레고

레고^{LEGO}라는 이름은 덴마크 단어 '레그 고트^{leg godt}'에서 나온 것으로 '잘 논다'는 뜻이다. 한자리에 앉아 시간 가는 줄 모르고 알록달록한 네모 조각을 쌓고 조립해 놀랍고 새로운 세상을 창조하곤 했던 사람들은 이 단어의 원래 뜻을 듣자마자 고개를 끄덕거렸을 것이다.

올레 키르크 크리스티안센(Ole Kirk Kristiansen, 1891~1958)은 유틀란트의 빌룬^{Billund}이라는 마을에서 작은 공방을 운영하던 덴마크 목수였으나 전 세계에서 세 번째로 큰 장난감 업체, 레고 그룹의 창립자가 되었다. 시작은 1932년에 크리스티안센이 네 명의 아들들과 어떻게 놀아주어야 할지 몰라서 허둥대던 때로 돌아간다. 그는 직업상 사다리, 스툴, 생활용품 들을 만들었지만 아이들을 위해 나무 장난감을 만들게 되었다. 아들들이 환호하자 동네 가게에 팔아보면 어떤 반응을 얻을지 궁금해졌다. 12살이 된 아들 고트프레드 키르크(Godtfred Kirk, 1919~1995)가 공방에서 아버지를 도와주었고 아버지와 아들은 곧 팀을 이루어 멋진 디자인을 만들어가게 되었다. 1934년에 이 공장은 세 명의 직원을 더 두었고 나날이 바빠졌다. 1946년에 플라스틱 몰딩 기계를 구입한 이 부자는 작은 플라스틱 장난감을 생산하게 되었는데 블록을 만들자는 아이디어도 이때 나왔다. 수많은 시행착오 끝에 1958년에 우리가 현재 아는 형태의 레고 블록이 탄생했다.

회사 규모는 점점 커져 지금은 글로벌 기업으로 성장했지만 레고는 언제나 가족 중심 기업이었고 레고사의 핵심 가치는 최고 퀄리티의 완구를 제작해 전 세계 어린이들에게 즐겁고도 교육적인 시간을 만들어주는 것이다.

시리즈 7 의자

1955년에 디자인된 '시리즈 7 의자 Series 7 chair'처럼 한 국가의 디자인적인 이상을 완벽하게 구현한 아이템도 찾아보기 힘들 것이다. 한눈에 알아볼 수 있는 모양에 형태는 견고하지만 무게는 가벼운 이 '시리즈 7'은 아마도 계속해서 스타일과 실용성의 완벽한 조합이라는 디자인 철학을 대표하게 될 것이다.

시리즈 7 의자를 최초로 만든 아르네 야콥센(Arne Jacobsen, 1902~1971)은 50여 년 동안 덴마크 디자인계와 건축계에서 정력적으로 일하며 '폭주 기관차 같은 예술가'로 불렸다. 야콥센의 창의적인 두뇌는 한시도 멈추지 않고 돌아갔는데 보통 아이디어를 종이에 옮겨 적기 전에 이미 머릿속에 그 프로젝트에 대한 완벽한 그림이 들어 있었다. 완성된 결과물을 보고 나면 그의 청사진이 얼마나 세세하고 정확했는지 발견하고 혀를 내둘렀다고 한다. 긴 활동 기간 중에 야콥센은 주택과 은행, 사무실 건물과 호텔을 설계했고 벽지, 텍스타일, 가구, 은식기, 때로는 재떨이까지 디자인했다. 그는 1950년대 초반 스튜디오에 놓을 새로운 의자가 필요해 미국의 가구 디자이너 찰스 임스(Charles Eames, 1907~1978)와 레이 임스(Ray Eames, 1912~1988) 부부의 유명한 합판 의자를 구입했다. 이 의자에 영감을 받은 그는 잘록한 허리가 개미를 닮은 일명 '개미 의자(앤트 체어)'를 발명했다. 처음에는 다리가 세 개였지만 네 개로 추가한 이 의자는 야콥센의 작업 파트너 프리츠 한센과 제작한 것으로 나오자마자 폭발적인 인기를 끌었다. 하지만 개미 의자는 시리즈 7에게 1등 자리를 내주어야 했다. 9겹의 베니어판을 압축한 재료로 만든, 겹쳐 올리기 쉬운 의자였다. 이 의자는 곧 가구 디자인계를 평정했고 오랜 세월 변함없이 사랑받으며 지금까지 수백만 개가 팔렸다.

PH 아티초크 펜던트 램프

디자이너 폴 헤닝센은 루이스 폴센^{Louis Paulsen}의 회사에서 여러 가지 조명을 디자인했지만 그중에서도
전무후무한 히트작은 '아티초크^{Artichoke}'다. 1958년에 탄생한 이 조명은 반짝 인기로 끝나지 않고 클래식 모던
디자인으로 꾸준한 사랑을 받고 있다.

아티초크(덴마크어로 '코글렌^{Kogeln}'이라고 한다) 램프는 잎사귀 같은 형태의 전등갓 72개가 겹쳐 있어서
전구는 가려져 있지만 빛이 확산되면서 주변을 고르고 부드럽게 비춘다. 원래는 스틸색, 구리색, 흰색으로
제작되었지만 2008년 50주년 기념으로 유리 제품이 나오기도 했다.

폴 헤닝센(Paul Henningsen, 1894~1967)은 코펜하겐 북쪽에 있는 힐레뢰드^{Hillerød}라는 마을에서 태어났다. 젊은
시절 대학에서 건축과 공학을 공부했지만 졸업은 하지 못했다. 이후 독학으로 디자인을 공부했고 1919년에
코펜하겐에서 친구 한스 한센, 모겐 볼텔렌과 함께 디자인 사업을 시작했다. 일설에 의하면 헤닝센 조명의
트레이드마크라고 할 수 있는 눈부심 방지 반사판 전등은 그의 어머니 아그네스가 최신 조명 기구들의
지나치게 밝고 환한 빛에 불평을 한 것을 계기로 만들어졌다고 한다. (이후 그녀는 환한 형광등 불빛 때문에
주름이 더 도드라져 보여서 그랬다고 말한다.) 헤닝센은 여러 가지 방법을 실험해보다가 여러 겹의 갓으로 전구를
감싸면 빛이 훨씬 더 은은하고 멀리 확산된다는 사실을 발견하게 되었다. 마치 그가 어린 시절 들고 다니던
석유램프처럼 사람을 편안하게 해주는 포근하고 인간적인 빛이었던 것이다. 그는 처음 성공적으로 만든
견본품에 자기 이름의 이니셜을 따 PH 램프로 지었다. 이 램프는 1925년 파리아트디자인전람회에서 조명
부문 상을 받으며 '파리 램프'라는 이름이 붙기도 했다. 그 뒤 이 주제로 수백 개의 조명을 디자인했으며
그중에서 조명 디자인 역사상 가장 아름다운 조명 기구라는 아티초크 램프가 탄생했다.

HF STYRKE
AFSTEMNING
AFSTEMNING
Lange
Korte
Bang & Olufsen

파이버 램퍼

페테르 뱅과 친구 스벤 올룹슨은 오디오 사운드에 흠뻑 빠져 있던 학생들이었다. 1925년 이들은 자신들이 익힌 기술을 활용해 음향기기 회사를 창업하기로 했다. 그렇게 명품 오디오 업계를 대표하는 혁신적인 기업 '뱅 앤 올룹슨'이 탄생했다.

이들은 덴마크 북서부의 작은 마을 스트루에르Struer에 회사를 설립했고 뱅은 음향 기술에 집중하고 올룹슨은 사업 확장을 맡았다. 이 회사의 시작은 막 태동된 '영화의 시대'와 완벽하게 맞물렸다. 페테르 뱅(Peter Bang, 1900~1957)은 1925년에 뉴욕을 방문하면서 영화의 잠재력을 보았고 스벤 올룹슨(Svend Olufsen, 1897~1949)과 함께 영화의 음향효과를 획기적으로 발전시킬 시스템을 만들어나갔다. 1928년 최초의 유성 디즈니 만화 영화인 〈증기선 윌리Steamboat Willie〉는 덴마크에서 녹음되었고 시사회에서 뱅 앤 올룹슨의 음향 시스템이 사용되었으니 이후 상업적인 성공은 예약된 것이나 마찬가지였다.

하지만 이 회사가 덴마크의 국민 회사가 된 결정적인 계기는 1929년 파이버 램퍼(Fiver Lamper, 혹은 파이브 튜브)가 출시되면서부터였다. 파이버 램퍼는 음질도 훌륭했지만 보석 상자 같은 예쁜 디자인이 특징이었다. 단풍나무와 호두나무로 만든 이 우아한 아르 데코 오브제는 전쟁 이전 시대 가정의 인테리어와 너무도 잘 어울렸다. 이 스피커의 인기가 날이 갈수록 높아지자 몇 년 후에는 그라모폰gramophone 픽업을 장착해 최신 78rpm 음반도 재생했다. 뱅 앤 올룹슨은 계속해서 소비자들에게 최고의 사운드를 들려주었고 뱅 앤 올룹슨 헤드폰으로 가장 좋아하는 음악을 들어본 이들은 왜 이 회사가 성공할 수밖에 없는지 단번에 이해한다.

유니섹스 울 펠트 슬리퍼

1992년 피아 발렌의 '유니섹스' 울 펠트 슬리퍼가 등장했다. 참신하고 혁신적이면서도 스칸디나비아 역사와 전통을 존중하는 제품이었다. 핀란드 겨울전쟁[1939~1940]에서 병사들이 영하 50도까지 떨어지는 기온에서도 발을 따뜻하게 하기 위해 펠트 울을 신발 안쪽에 끼워넣었던 것에서 영감을 받아 제작한 신발이다.

피아 발렌(Pia Wallen, 1957~)은 스웨덴 출신의 디자이너로 군더더기가 없는 우아한 제품으로 각종 디자인 상을 받기도 했다. 개인으로서, 디자이너로서 그녀의 야망은 물건과 그 물건을 이용하는 사람들 사이에 깊은 의미와 감정과 존중이 생기는 제품을 만드는 것이었다. 날렵하고 단순하면서도 완벽하게 실용적인 디자인은 스웨덴 문화에 뿌리를 두고 있으며 그녀는 대대로 이어온 스웨덴 수공예의 기술과 전통에 천착하면서 그 안에서 현대적인 디자인의 영감까지 끌어내었다. 발렌은 특유의 미니멀리스트적인 스타일과 그녀가 도입하기 전까지만 해도 거의 잊혀가던 재료인 펠트라는, 전혀 안 어울릴 것 같은 두 가지 요소를 결합해 독보적인 디자인을 구축했고 20여 년간 꾸준한 사랑을 얻었다. '유니섹스' 디자인은 꾸밈없는 단순함 그 자체다. 100퍼센트 울 펠트에 오돌토돌한 고무 밑창을 대었는데 초록, 빨강, 검정, 흰색, 회색, 남색 등 한 종류의 선명한 단색으로만 이루어진다. 이 슬리퍼가 따르는 기준은 딱 하나, 심플함의 미학인 것만 같다. 유일한 무늬는 신발 앞코부터 발목까지 이어진 지그재그 스티치뿐이다. 이것은 순수하고 기능적인 패션이라는 개념을 드러내고 있기도 하다.

손뜨개 셀부 양말

도톰한 손뜨개 셀부 양말을 발목까지 끌어올려 신을 때면 발뿐만 아니라 마음까지 포근하고 편안해지는 것만 같다. 이 셀부 양말 중에서도 가장 최고의 품질을 자랑하는 제품은 셀부 장미가 그려진 노르웨이산으로 작은 디테일들이 명품 양말을 만든다.

이 전통 문양으로 만들어진 의류와 장식들이 셀부Selbu라 불리우는 이유는 노르웨이의 셀부라는 작은 시골 마을에서 처음 만들어졌기 때문이다. 1841년에 이 마을에서 태어난 한 처녀가 독특한 뜨개 방식을 만들어냈고 그 덕분에 노르웨이가 패션 지도에서 한자리를 차지하게 된 것이다. 농가에서 우유 짜는 일을 하던 마리트 엠스타드Marit Emstad라는 십대 소녀는 뜨개질 솜씨가 뛰어났다. 어느 날 그녀는 기존의 단조로운 뜨개질 패턴에 검은색과 흰색을 넣어 아기자기하고 멋스럽게 짠 벙어리장갑을 끼고 교회에 나타났다. 사람들의 반응은 어떠했을까? 처음에는 무관심한 척했던 다른 여인들도 곧 똑같이 따라하기 시작했고 뜨개 방법을 알아내 자기들만의 장갑을 만들기 시작했다. 곧 이 믹스 앤 매치 뜨개질 방식은 점퍼, 모자, 스카프 같은 다른 옷가지나 액세서리에 적용되었다. 물론 양말에도 들어갔다. 판매용 양말 제작은 1890년에 시작되었으나 1, 2차 세계대전으로 조용히 묻혔다가 전쟁 후 스칸디나비아에서 이 셀부 뜨개질이 큰 인기를 얻기 시작하면서 소문이 퍼졌다. 셀부 패턴은 처음 나왔던 흰색과 검은색뿐만 아니라 다른 모든 색깔로 만들어지고 다양한 아이템으로 나와 있어 얼마든지 취향에 맞게 골라 살 수 있다.

알바르 알토 사보이 꽃병

헬싱키의 사보이 레스토랑의 사장은 레스토랑을 다시 꾸미고 싶어 핀란드의 건축가 알바르 알토에게 연락을 했고 이 인연은 그에게 큰 행운을 가져다주었다. 레스토랑 구석구석 알바르 알토의 손길이 미쳤고 레스토랑 인테리어의 일부였던 꽃병 또한 이제는 모르는 사람이 없을 정도로 유명해졌기 때문이다. 핀란드의 호수에서 영감을 받았다는 우아한 물결 모양의 꽃병 디자인은 너무 획기적이고 신선해 제작도 되기 전의 연필 스케치만으로도 1937년 파리디자인박람회에서 1등상을 받을 정도였다. 이후 알바르 알토 화병은 핀란드 디자인의 대표 상품으로 등극했다.

알바르 알토(Alvar Aalto, 1898~1976)는 핀란드의 쿠오르타네^{Kuortane}에서 태어나 헬싱키공과대학에서 건축을 공부했다. 1921년 레이크랜드로 이사해 첫 건축 사무실을 열었는데 이 젊은이는 어찌나 자신감이 넘쳤는지 사무실 앞에 이름만 커다랗게 새긴 간판을 걸어놓기도 했다. 그는 곧 핀란드에서 가장 바쁜 국민 건축가가 되었고 핀란드뿐만 아니라 해외의 건물을 건축하여 명성을 떨쳤다. 그중에서도 1932년에 설계한 파이미오 요양원^{Paimio Sanatorium}은 세계에서 가장 아름다운 건물 가운데 하나로 손꼽히고 있다. 1924년 아이노 마르시오^{Aino Marsio}와 결혼하고 협업을 시작했다. 알토는 자신의 건물과 어울리는 가구와 조명과 소품에도 관심을 갖기 시작하면서 파이미오 의자와 스툴 No. 60 같은 제품을 디자인했다. '사보이 꽃병^{Savoy Vase}'이 대히트를 하자 이 물결이 흐르는 듯한 곡면 형태에서 영감을 받아 수많은 유리 컬렉션들을 제작했다. 긴 것, 짧은 것, 넓은 것, 좁은 것, 크고 작은 것 등등 사보이 꽃병의 모양과 종류는 끝이 없으니 자신의 집에 어울리며 가장 마음에 드는 크기와 색상으로 골라보자. 오늘날 알토의 글라스 제품은 유수한 전통을 자랑하는 핀란드 유리 공방에서 제작되고 있으며 토종 디자이너들과 깊은 관계를 맺고 클래식한 디자인의 제품을 생산해온 세계적인 브랜드 이딸라^{Iittala}에서도 만들고 있다.

구스타비안 스타일

스웨덴의 구스타브 3세는 프랑스의 베르사유 성에 방문해 성의 웅장하고 화려한 로코코 양식에 감명받았고 스톡홀름으로 돌아오자마자 자신의 왕실도 그렇게 장식하겠다고 발표했다. 당시 스웨덴은 천연자원인 목재와 철광석 때문에 부유한 나라였고 왕이 자유자재로 쓸 예산은 충분했다. 그는 자신의 뜻대로 했다. 하지만 국민들에게는 고통의 시작이었다.

구스타비안 스타일Gustavian Style이란 구스타브 3세(Gustav Ⅲ, 1746~1792) 때 태동된 디자인과 데코레이션 개념으로 프랑스의 럭셔리와 스웨덴의 절제의 완벽한 조합으로 불린다. 이 스타일의 대표적인 특징은 파스텔 색상, 대형 도금 거울, 연하게 칠한 벽과 가구, 방마다 있는 긴 스웨덴 모라Mora 시계 등이다. 또 빼놓을 수 없는 것이 모든 홀과 무도회장에 걸린, 빛나는 보석과 크리스털이 주렁주렁 달린 거대한 샹들리에다.

구스타브 재위 기간 중에는 반대파들도 많았다. 그는 1771년에 왕위에 오르자마자 권력을 장악하며 왕권을 강화시킨 계몽 전제군주였다. 예술과 문화와 건축의 부흥을 이끌었지만 너무나 많은 국고를 낭비하기도 했다. 왕은 1792년 3월 16일 스톡홀름 왕립오페라하우스에서 열린 한 가면무도회에서 자신의 정체를 숨기고 침입한 전 경호원에게 저격당해 치명상을 입었다. 구스타브는 13일 동안 고통받다가 결국 목숨을 잃었다.

스토케 트립 트랩 하이 체어

노르웨이 가구 디자이너 페테르 옵스비크는 가족들과 식사를 하다가 그의 어린 아들 토르가 일반 의자에 앉으면 식탁에 닿지 않고 높은 의자에 앉으면 다른 가족들과 눈을 맞추며 편안하게 밥을 먹기가 힘들다는 사실을 발견했다. 이것이 아이디어가 되어 1972년에 디자인계의 혁명인 높이 조절 어린이 의자가 세상에 나왔다.

모든 연령의 어린이들이 사용할 수 있는 '트립 트랩Tripp Trapp' 의자는 앉는 자리와 발 디딤대가 있으며 성장 단계에 따라 높낮이를 자유자재로 조절할 수 있는데 높이 조절만 하면 어른까지도 얼마든지 편안히 앉을 수 있다. 이 디자인의 핵심은 첫째, 아이의 키와 상관없이 식탁 높이에 맞춰 앉을 수가 있다는 것이며 둘째, 아이가 가족 모두와 둘러앉아 이야기를 나누거나 교감할 수 있다는 것이다.

1970년대 초반까지만 해도 이런 의자를 써본 소비자들이 없었기에 디자인과 기능은 분명 혁명적이었지만 출시되자마자 불티나게 팔리지는 않았다. 하지만 1974년 한 TV 프로그램에 소개되면서부터 관심을 끌어 판매량이 급증했다.

페테르 옵스비크(Peter Opsvik, 1939~)와 협업한 회사는 1932년 설립된, 건강한 기업 윤리를 자랑하는 노르웨이 기업 스토케Stokke다. 이 회사는 아이의 성장을 최우선으로 고려하고 다음 세대가 물려받을 지구의 환경을 위해 앞장서고 있기도 하다. 오리지널 의자는 과거에 너도밤나무로 만들었지만 근래에는 다양한 재질과 색상으로 출시되고 있으며 떼었다 붙였다 할 수 있는 화사한 색상의 쿠션이 달린 것들도 많다.

페로 아일 점퍼

페로 제도는 18개의 크고 작은 섬들로 이루어져 있으며 노르웨이해와 북대서양 사이, 아이슬란드와 노르웨이 중간 지점에 위치하고 있다. 오래전부터 인류가 거주했고 현재 인구는 대략 5만 명밖에 안 되지만 섬의 밀도가 높아질까봐 걱정하고 있다고 한다. 탐스러운 털로 덮인 페로 양 7만 마리와 터전을 공유하고 있기 때문이다. '페로Faroe'라는 단어는 고대 노르웨이 언어로 '양의 섬Sheep Island'을 뜻한다. 분명 복슬복슬한 이 동물들 덕분에 이 고장의 대표적인 경제 활동이 니트 산업이 되었을 것이다. 물론 원래는 한겨울에 주민들이 입기 위해 뜨기 시작했다. 이 고립된 섬에서 나타난 특별한 스타일과 패턴이 조합된 니트웨어는 실용적인 의복에서 패셔너블한 아이템으로 천천히, 그러나 확실히 이동했다. 페로 제도의 건강한 양모에서 추출된 울은 라놀린(lanolin, 양털에서 나오는 천연 오일) 함량이 높아서 보온성이 뛰어나고 약간의 방수 기능도 있다. 스카프나 울 장갑도 유명하지만 역시 가장 유명한 것은 페로산 양모로 짠 모직 점퍼이다. 모두 핸드메이드이며 다양한 색상의 실로 독특한 노르딕 패턴을 만들어낸다. 또 고장의 여성들이 대대로 전수해준 전통 기법으로 짠다.

최근 덴마크 TV 시리즈 〈킬링Killing〉에서 덴마크 형사 사라 룬Sarah Lund이 입고 나온 따뜻하고 실용적인 점퍼가 페로 아일 점퍼Faroe Isle Jumper임이 알려지면서 관심과 지명도가 높아졌고 품질에 걸맞은 명성을 얻고 있다. 페로섬 출신의 디자인 팀 구드룬 앤 구드룬은 룬이 입을 스웨터들을 직접 만들었다.(시리즈마다 각각 다른 스타일의 점퍼를 입었다.) 구드룬 루드비그Guðrun Ludvig와 구드룬 로그바도티르Guðrun Rogvadottir가 2007년 설립한 회사 구드룬 앤 구드룬은 다양한 종류의 질 좋은 상품들을 생산하며 국제적인 브랜드가 되었고 런던의 해로즈 백화점에도 입점했다.

험멜 하이탑

농구, 핸드볼, 배구, 럭비, 신티(스코틀랜드에서 하는 하키 비슷한 경기), 풋살, 실내 하키, 풋볼을 하고 있는 사람들의 발을 유심히 살펴보자. 아니 운동을 하고 있지 않아도 상관없다. 국적을 막론하고 전 세계 수많은 사람들의 발에 쿨한 험멜Hummel 신발이 신겨져 있을 것이다. 지난 90년 동안 험멜은 스포츠 신발 회사에서 유명한 패션 의류 브랜드로 성장했다. 가장 대표적인 신발은 이 회사의 고유 로고인 두 개의 V 마크가 새겨진 하이탑이다. 당분간은 레트로 스타일의 인기가 계속 이어질 듯하니 이 회사 또한 성장을 멈추지 않을 것이다.

1923년 독일 제화공 알베르트 메스머Albert Messmer는 비가 철철 내리는 날 축구 경기를 보고 있었고 아마 그날 이 회사의 탄생이 예고되었다고 말할 수도 있을 것이다. 그는 경기 중 자꾸 진흙탕에 빠지고 미끄러지는 선수들을 보고 '유레카'를 외쳤다. 그리고 클리츠cleats를 댄 스파이크 슈즈를 제작해보기로 했다. 밑창에 못이나 징이 박혀 미끄럼 방지와 발목 보호의 기능이 있다. 물론 이전에도 제작된 적이 있지만 메스머는 더 성능 좋은 스파이크 슈즈를 만들 자신이 있었다. 그해 메스머는 동생과 함께 사업을 시작하고 회사 이름을 험멜이라 지었다.(독일어로 '호박벌'이라는 뜻이다.) 하지만 1935년 파산을 했고 이후 여러 회사를 거쳐 1980년에 100퍼센트 덴마크 브랜드가 되었다. 1999년 한 덴마크 사업가는 험멜의 기술을 사들이고 브랜드의 슬로건을 이렇게 정했다. "스포츠로 세상을 변화시킨다." 오늘날 험멜 기업은 리사이클 재료를 사용하는 한편, 전쟁으로 고통받거나 정치적으로 불안정한 국가의 어린이와 청소년에게 다양한 '카르마Karma' 프로젝트를 지원하는 등 세상을 더 나은 곳으로 만들기 위해 노력하고 있다.

스웨디시 해즈빈스

스웨덴 클로그(clog, 나무굽 신발)나 트라스코(trasko, 나막신)를 눈으로만 보면 세상에서 가장 투박하고 불편한 신발인 것만 같다. 하지만 절대 그렇지 않다! 발을 편안하게 푼 다음 딱딱한 나무굽과 탄탄한 가죽 어퍼upper로 이루어진 이 신발에 쏙 넣어보자. 아마도 다시는 벗고 싶지 않아질지 모른다.

나무굽 신발은 무수히 많이 나와 있지만 제대로 만든, 진짜 스웨디시 클로그만 한 퀄리티를 가진 신발은 이 세상에 없다. 사실 이것은 이 신발을 부활시킨 스웨덴 디자이너 에뮈 블릭스트Emy Blixt의 의견이기도 하다. 그녀는 어느 날 우연히 집 근처의 문 닫은 신발 공장 지하실에서 엄청난 양의 1970년대 클로그와 가방을 발견한다. 이 신발들을 보자마자 오래전 추억이 밀려왔고 이 신발들이 이대로 잊혀선 안 된다고 생각했다. 그녀가 어렸을 때는 아이들은 물론 모든 어른 남자와 여자들이 클로그를 즐겨 신었다. 하지만 언제부턴가 클로그의 인기가 식었고 거의 찾아볼 수조차 없게 되었다. 블릭스트는 이 안타까운 클로그의 운명을 바꾸는 것이야말로 자신에게 주어진 미션이라 여겼다. 그렇게 '스웨디시 해즈빈스Swedish Hasbeens'가 탄생했다.

2006년 여름 블릭스트는 어릴 적 소꿉친구인 실라 빙아르드 노이만Cilla Wingard Neumann과 손을 잡고 신발을 디자인해 '스웨디시 해즈빈스'란 이름으로 시장에 내놓았다. 이 신발은 즉시 열화와 같은 반응을 얻었고 현재 전 세계 20여 개국에서 판매 중이다. 생산은 아직도 스웨덴에서 하고 있다.

이 회사는 명품 잡화 브랜드로 성장해 가방이나 벨트 같은 액세서리도 생산하며 착화감이 환상적인 다양한 색상과 디자인의 부츠와 샌들을 매년 새롭게 출시한다. 그러나 스웨디시 해즈빈스만의 복고 감성과 뚜렷한 스타일은 변함없이 유지하고 있다.

일세 야콥센 러버 부츠

덴마크 수도 코펜하겐 북부에는 덴마크에서 가장 아름다운 백사장이 펼쳐진 해안 마을 혼백이라는 곳이 있다.
북유럽의 수많은 화가와 예술가, 창작자들은 이 마을이 영감의 원천이었다고 말한다. 덴마크 신발 디자이너 일세
야콥센Ilse Jacobsen도 그중 한 명이다. 그녀는 이곳에만 가면 항상 편안했고 창의적인 아이디어가 떠올랐다.
일세 야콥센은 어린 시절부터 창의적인 일을 하고 싶었지만 패션계에 종사할 생각은 없었다. 그래서
대학에서 정치학과 경제학을 공부한 뒤 사랑하는 고향 혼백으로 돌아와 레스토랑을 열었다. 하지만 운명은
그녀를 위해 다른 계획을 갖고 있었다. 신발 매장을 운영하고 있던 친구 한 명이 혹시 가게를 맡아볼
생각이 없냐고 물었다. 몇 년 동안 다른 사람들이 만든 신발을 팔던 야콥센은 이 업계에 무언가 기여할
수 있다는 결론에 도달하였고 1993년에 자신만의 브랜드 '일세 야콥센 혼백'을 론칭했다. 야콥센의 꿈은
스칸디나비아의 아름다운 자연과 지형 조건의 느낌이 살아 있으면서 퀄리티 높은 디자인과 소재의 제품을
만드는 것이었다. 그녀는 고객들에게 편안하면서도 패셔너블한 신발을 신겨주고 싶었다. 오늘날 일세
야콥센은 신발 외에 다양한 의복과 액세서리도 생산하는 토털 브랜드가 되었다.
그중에서도 최고의 베스트셀러는 전 세계 여성들이 사랑하는 러버 부츠Rubber Boots다. 100퍼센트
말레이시아산 천연고무로 만들었으며 안쪽은 면 플리스로 덧대어져 있어 통기성이 뛰어나다. 양말도 구입해
같이 신으면 추운 겨울도 무사히 보낼 수 있다! 모든 제품이 핸드메이드로 제작되며 완성까지 석 달이나
걸린다. 특히 이 신발의 시그니처라 할 수 있는 독특한 레이스업lace-up은 완벽한 그림을 완성해준다.

아크네 피스톨 부츠

무심한 듯 시크하게 스타일링하고 싶은 날인가? 그렇다면 '아크네 피스톨 부츠Acne Pistol Boots'를 꺼내 신어야 한다. 독특한 지퍼와 높지 않고 두툼한 굽이 있는 이 앵클부츠는 모터사이클 부츠와 카우보이 부츠가 연상되면서도 어딘가 산뜻하고 말쑥하다. 수많은 카피 제품들이 쏟아져 나왔지만 이 스타일리시한 원조의 기품과 멋은 따라가지 못한다. 1996년 조니 요한손Jonny Johansson과 세 명의 친구들은 광고 및 그래픽 디자인 프로덕션을 창업했고 이것이 세계적인 현상이 된 아크네의 시초가 되었다.

1997년 크리에이티브 디렉터였던 요한손은 레드 스티치가 들어간 청바지 100벌을 만들어 친구와 가족과 멋쟁이 지인들에게 돌렸다. 행운은 그들의 편이었고 이 청바지는 예기치 않은 뜨거운 반응을 이끌며 보그 파리와 월페이퍼 잡지에까지 실렸다. "애초에 그 이름으로 짓지 말걸 그랬어요." 아크네는 뾰루지, 여드름이라는 뜻이고 요한손은 아크네의 성공 후에 이렇게 말한 적도 있지만 팀원들은 회의 끝에 아크네 스튜디오Acne Studio로 부르기로 했다. 이 단어는 회사의 비전을 요약한 것으로 풀어보면 '품격 높은 표현을 창조하는 열정Ambition to Create Novel Expression'이다.

이후 브랜드 철학을 반영한 특유의 개성이 담긴 제품들이 출시되었고 요한손은 음악, 문학, 미술, 사진, 디자인 등 다양한 분야에서 영감을 받고 있다. 병원을 연상시키는 미래지향적인 인테리어의 아크네 매장은 패션뿐 아니라 잡지, 책, 신발, 액세서리가 디스플레이된 대표적인 콘셉트 스토어이다. 아크네 스튜디오는 유명 디자이너, 아티스트, 장인들과 협업하며 리미티드 에디션을 생산하기도 하고 런던, 파리, 도쿄, 뉴욕, 스톡홀름의 매장에서 각종 전시회를 열기도 한다.

말렌 비거

MTV 유럽이 당신에게 '코펜하겐의 패션의 여왕'이라는 칭호를 주었다면 당신은 꿈을 이루었다고 말할 수 있을 것이다. 말렌 비거도 마찬가지였다. 2011년 덴마크 디자인을 기념하기 위한 특별 우표에 그녀의 드레스 스케치가 실렸고 비거는 현대 패션에 가장 큰 기여를 한 덴마크의 디자이너라는 명예를 얻게 되었다.

말렌 비거(Malene Birger, 1967~)의 시그니처 스타일은 대담한 색상과 프린트와 패턴에 무채색과 단색을 매치하는 믹스 매치 스타일이며 원단과 자연스럽게 흐르는 주름으로 매우 여성스러운 실루엣을 강조한다. 비거의 옷들은 우아하면서도 편안해 모델 헬레나 크리스텐센, 배우 시드 바벳 크누센, 소피 그로뵐 같은 여자 연예인들이 이 브랜드의 팬이라고 밝힌 바 있다. 또한 세계 왕가의 사랑도 받고 있다. 케임브리지 공작 캐서린, 스웨덴의 빅토리아 공주, 덴마크의 마리 공주 등이 그녀가 디자인한 옷을 입고 있는 모습을 종종 볼 수 있다. 말렌 비거는 원래 명품 회사의 수석 디자이너로 활동하면서 각종 상도 받았으나 1990년대 중반에 홀로서기를 할 준비가 되어 있다고 느꼈다. 1997년 사업 파트너 켈 미켈센Keld Mikkelsen과 첫 회사인 '데이 비거 앤 미켈센'을 차렸다.

2003년에는 자신만의 브랜드인 '바이 말렌 비거By Malene Birger'를 론칭했다. 그녀는 '디자인에 관해서만큼은 자기 직감을 믿는다'면서 '타협하지 않는다'는 것을 원칙으로 했다. 이런 확신과 고집이 그녀를 지금의 위치로 올려놓은 것 같다. 그녀의 브랜드는 이제 40여 개국의 매장에서 만나볼 수 있다. 2010년 비거는 '바이 말렌 비거' 브랜드를 팔고 최근에 론칭한 홈웨어 패션 브랜드 비거 'No.1962'의 크리에이티브 디렉터로 일하고 있고 유니셰프 친선 대사로도 활동하고 있다.

샌쿠비스트 백팩

안톤 샌쿠비스트Anton Sandqvist는 전자 회사에서 촉망 받는 엔지니어로 일하며 비행기 안에서 수없이 많은 시간을 보냈다. 따져보니 일 년에 백 일 이상은 출장을 다니고 있었고 잠시 일을 내려놓고 자신을 돌아보며 충전하는 시간을 가져야겠다고 느꼈다. 그는 자신의 삶에 무언가가 빠져 있다는 생각을 지울 수 없었는데 얼마 후 그것이 무엇인지 알아냈다. 그는 창의적인 일을 열망하고 있었던 것이다. 2004년 가을 샌쿠비스트는 인터넷에서 산업용 재봉틀을 주문해 창고에 설치한 후 그 앞에 앉아 가방을 만들기 시작했다.

안톤 샌쿠비스트는 스위스 브랜드 프라이탁Fritag의 메신저백을 보고 영감을 얻었고 꼬박 30시간 동안 재봉틀 앞에 앉아 있던 끝에 자신의 첫 번째 작품을 완성했다. 그 가방을 메고 다니자 사람들의 관심과 문의가 이어졌다. 그는 가방을 상점에 들였다가 곧 직접 매장을 차리고 판매하기 시작했다. 안톤은 동생 다니엘과 학창 시절 친구 세바스티안 웨스틴과 사업을 키워나갔고 사업이 커지자 공장을 중국으로 옮겼다. 2007년 남성을 위한 최초의 가방 컬렉션을 완성했으며 코펜하겐 국제패션페스티벌에 초대되면서 알려져 해외시장에도 진출했다.

샌쿠비스트는 노르웨이의 전설적인 탐험가 로알 아문센(Roald Amundsen, 1872~1928)의 책을 읽다가 배낭을 만들고 싶어졌다고 한다. 캔버스 소재와 함께 가죽 소재도 이용했으며 다양하게 활용 가능한 디자인과 뛰어난 내구성을 가진 단단하고 튼튼한 가방은 곧 인기를 끌었고 매년 다양한 디자인의 가방을 출시하고 있다. 오늘날 이 회사는 가방뿐만 아니라 여성과 어린이를 위한 액세서리도 제작하고 있으며 스웨덴 디자인의 역량을 다시 한 번 과시하고 있다.

SANDQVIST
everyday bags and items
40QE 11404
Stockholm, Sweden

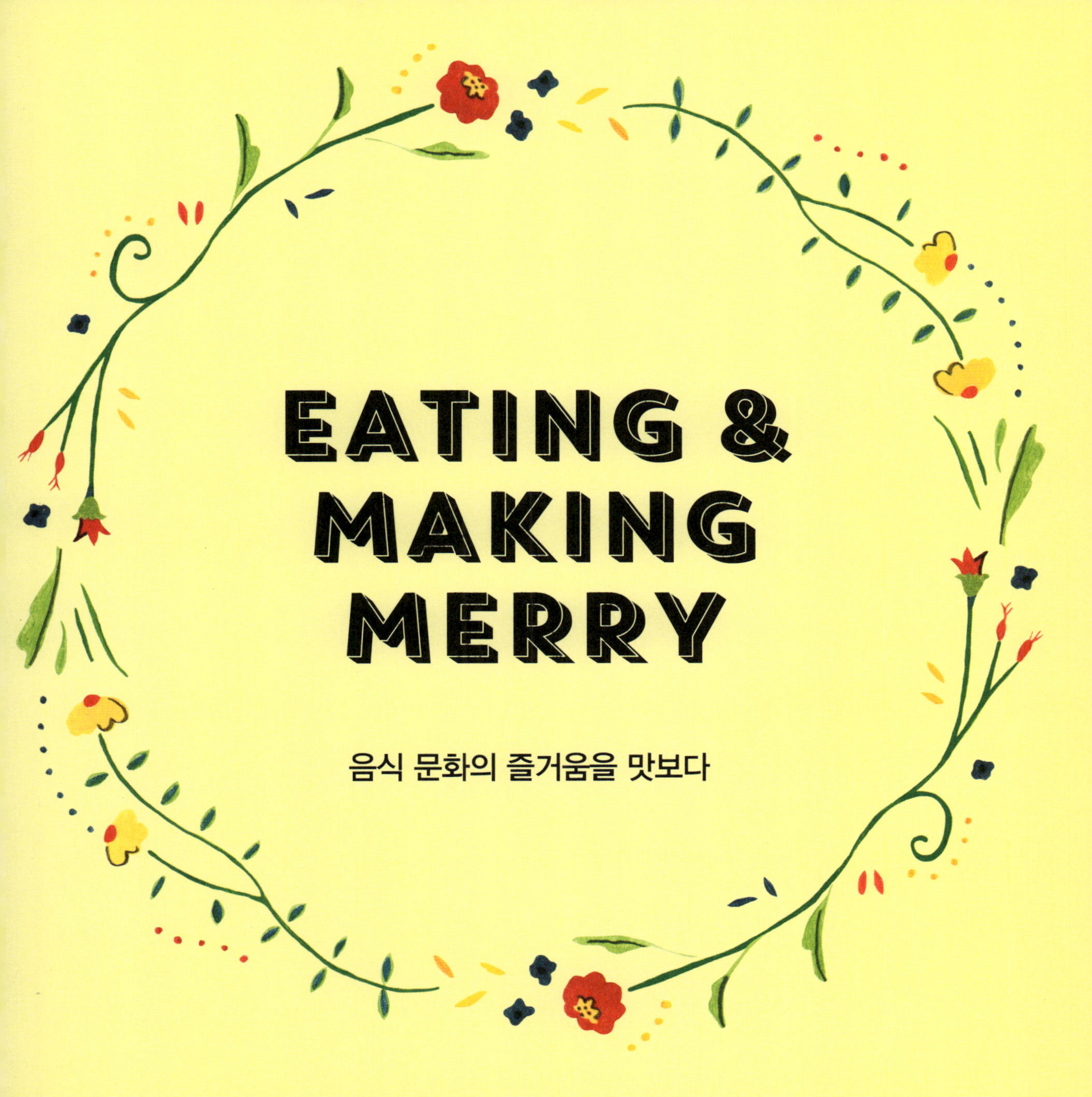

EATING &
MAKING
MERRY
음식 문화의 즐거움을 맛보다

하지 축제

스칸디나비아 하지 전날은 마법과 미스터리로 찰랑찰랑 넘친다. 또한 이날 반드시 해야 할 일이 있다. 높게 자란 푹신푹신한 잔디를 꼭 맨발로 밟으며, 민속음악을 크게 틀어놓고, 사랑하는 친구와 가족과 둥그렇게 원을 만든 후 흥겨운 춤을 추는 것이다.

하지 축제는 일 년 중 낮이 가장 길다는 하지 즈음에 열리는데 보통 북반구에서는 6월 21일이나 22일경이지만 날짜는 해마다 다를 수 있다. 하지 축제는 원래 이교도의 축제로 비옥한 토지를 축복하고 풍년을 기원하는 행사였으며 아직까지 이어지는 많은 전통 놀이와 문화 공연은 이교도의 행사와 관련이 있다. 집 안팎에는 생산성과 풍요를 상징하는 화환과 화관을 직접 만들어 장식한다. 또 커다란 모닥불을 피워서 이때 유난히 극성을 부린다는 사악한 마녀들과 마을 근처를 어슬렁거린다는 악한 영혼들을 쫓아내기도 한다.

노르웨이의 하지 축제는 조금 더 가벼운 파티에 가깝다. 다른 스칸디나비아 축제와 마찬가지로 푸짐한 음식과 유쾌한 음악이 준비된다. 사람들은 흰 테이블보가 덮인 긴 테이블에 끝없이 차려지는 맛있는 음식을 먹고 메이폴(5월제 기념 기둥)을 세워 싱싱한 꽃들로 장식하기도 한다. 일 년 중 가장 좋은 옷을 꺼내 입고 밴드가 연주하는 쇼티스, 마주르카, 스노아, 왈츠, 함보 같은 민속음악의 리듬에 맞춰 남녀노소 할 것 없이 다 같이 밤늦게까지 포크 댄스를 즐긴다. 이때 젊은 처녀가 서로 다른 일곱 가지의 야생화를 꺾어다가 꽃다발을 만든 다음 일곱 개의 돌벽을 뛰어넘은 뒤 밤에 이 꽃다발을 베개 밑에 두고 자면 꿈에 평생의 짝이 될 사람이 나타난다고 한다.

청어 절임

유명한 스칸디나비아 속담이 있다. "모든 청어는 세 번 수영을 한다. 한 번은 바다 안에서, 한 번은 식초 안에서, 그리고 마지막 한 번은 청어와 곁들여 마시는 아쿠아비트^{aquavit} 안에서."

스웨덴 사람들의 청어 사랑은 아무리 강조해도 지나치지 않은데 아마도 AD 1000년 정도에 남부 지방에서 시작된 것으로 보인다. 스웨덴 강 하구에는 굉장히 깊고 넓은 모래톱이 많아 남자들은 청어 낚시만 할 줄 알아도 충분히 먹고 살 수 있었다. 모래톱은 길면 10킬로미터까지 뻗어 있고 수백 종의 물고기들이 서식하고 있다. 이렇게 모래톱에서 노를 젓는 것이 얼마나 힘든지에 관한 이야기들도 전해 내려오고 있으며 가끔은 청어 떼들이 배 위로 알아서 튀어 올라와 배를 가득 채워주었다고 한다. 수확량이 워낙 많았기 때문에 저장이나 이동을 위해서 절임 기술이 발전할 수밖에 없었다.

오래전에 청어 절임은 '소박한 서민들의 음식'이었으나 15세기 중반에 중산층이나 상류층에서도 이 요리를 즐기기 시작하면서 모두에게 사랑받는 소중한 국민 음식으로 바뀌었다. 청어 절임, 즉 잉라드 실^{inlagd sill}은 정찬 뷔페인 스뫼르고스보르드^{Smörgåsbord}에 빠져서는 안 되는 메인 요리이기도 하다. 스웨덴의 현 국왕인 칼 구스타프 16세(Carl XVI Gustaf, 1946~)는 자타 공인 청어 절임 전문가로 왕가의 수석 요리사들에게 자신이 연구한 요리법을 공유한다고 한다. 스웨덴 남부에는 청어를 사랑하는 사람들의 모임인 스콘스카 실라카데미엔(Skånska Sillaacademien, 스코네 청어 아카데미)이라는 단체가 있다. 이 단체는 청어가 "바다의 은이자 음식의 황금"이라고 말한다. 회원들은 청어 절임법과 저장법, 요리법을 개발하고 홍보한다. 이 단체에서 개최하는 축제에 참가하면 손님들은 새로운 레시피를 시도해보고 전통 요리법도 배울 수 있다. 또한 스칸디나비아 반도 밖에서도 컨퍼런스를 열고 있다. 이런 열정적인 청어 전도사들 덕분에 처음에는 머뭇거리던 초심자들도 얼마 가지 않아 청어교로 개종하곤 한다.

링온베리

스칸디나비아의 숲에 들어가면 원시의 세계로 들어가는 것만 같다. 키가 큰 나무들로 빽빽이 들어차 짙은 그늘을 드리우고 바닥은 수십 가지의 식물과 이끼가 겹겹이 쌓여서 카펫처럼 부드럽고 푹신하다. 바람결에 실려오는 진한 향기 또한 오래전 기억들을 불러 모으며 마음의 문을 두드린다. 숲에 가기 전에 반드시 바구니를 준비하자. 이제부터 링온베리Lingonberries를 따야 하니까.

겨울은 길고 춥고 여름은 비교적 짧은 북유럽에서 링온베리('월귤'이라고도 한다)는 이상적인 과일이다. 낮게 자라는 초록 덤불은 영하 40도의 날씨도 견딜 수가 있으며 8월과 9월에는 작고 빨간 월귤들이 지천에 자란다. 링온베리 관목은 소나무 숲이 있는 산성이 강한 토양에서 자라고 있어 상큼한 과일로 잼이나 젤리나 주스를 만들고 싶다면 깊은 숲으로 들어가야만 한다.

링온베리에는 벤조산이 풍부하게 포함되어 있는데 자연스러운 방부제 역할을 하여 설탕을 조금만 첨가해도 장기간 저장할 수 있다. 비타민과 미네랄이 풍부하며 비뇨기 관련 염증에도 효과가 좋다

우리는 모든 종류의 링온베리 가공품을 사랑하지만 농축 쥬스(링온사프트)가 가장 인기가 좋으며 맛이 일품인 잼(링온쉴트)은 요거트나 미트볼과 잘 어울린다. 스칸디나비아에서 링온베리는 평범한 가정식부터 왕족의 결혼식까지 거의 모든 음식 차림에 단골손님으로 출연한다.

브렌빈

아이슬란드의 전통주 브렌빈^{Brennivin}은 '불에 태운 와인'이라는 뜻이다. 다른 북유럽 국가에도 이와 비슷한 종류의 독주들이 있지만 '검은 죽음' 혹은 '악마의 음료' 등 다양한 별명으로도 불리는 이 브렌빈의 무서운 힘을 따라갈 술은 없다고 할 수 있다(북유럽 속담에도 있다. '소중한 아이에게는 이름이 여러 개'라고.).

브렌빈은 아이슬란드의 시그니처 음료로 너무 독하여 오늘날에는 현지인들도 자주 마시지는 않는다고 한다. 하지만 이교도 시절 애국심을 고취하기 위해, 혹은 노르웨이 신 토르에게 바치는 희생제인 1월 중순의 포라블로트^{porrablót} 즈음에는 다들 모여 한 잔씩 하는 전통을 갖고 있었다. 이 전통 축제는 오늘에도 이어지고 있으나 다행히 산 동물을 제물로 바치는 일은 없다.

이 축제를 위해 수많은 음식과 음료를 준비하는데 절대 빠질 수 없는 것이 브렌빈이다. 이 술은 병입 후 알코올 도수가 80퍼센트에 달한다고 하니 그야말로 환각제에 가깝다고 할 수 있겠다.

브렌빈은 발효된 곡물이나 감자를 베이스로 하고 안젤리카, 캐러웨이, 커민 같은 허브로 향을 낸다. 장시간 보존할수록 진한 허브 향이 난다.

브렌빈은 작은 잔에 차갑게 마셔야 가장 좋다. 더욱 완벽한 풍미를 위해서는 아이슬란드의 이름난 향토 요리인 삭힌 상어 고기 하칼^{hákarl}과 같이 먹어야 한다.

산딸기

스칸디나비아 사람들에게 어린 시절 여름의 기억을 떠올려보라고 하면 이른 여름날 아침 이슬에 젖은 잔디 위를 살금살금 걸어가 아직 익지 않은 루비 빛의 산딸기를 발견해 몰래 하나씩 훔쳐 먹었던 일을 이야기할 것이다. 우리에게 익숙한 약간 큼지막한 딸기가 주를 이루기 전에는 사람들은 다양한 종류의 산딸기를 먹었다. 그러나 요즘에는 산딸기가 소량만 재배되거나 채집되어 고급 요리 재료로 사용된다. 산딸기는 아주 작지만 풍미는 어떤 과일보다 강하다.

산딸기는 키울 때 손이 많이 가지 않고 긴 줄기(지상으로 뻗는 담쟁이 덩쿨)가 계속 뻗어가 새로운 줄기를 만들어낸다. 그러나 너무 깊이 심으면 안 되고 볕이 잘드는 조용한 장소에서 잘 자란다. 이런 조건만 충족되면 여름 내내 섬세하고 과즙이 풍부하며 상큼한 작은 딸기들을 충분히 공급해줄 것이다. 만약 모험을 하고 싶다면 노란색, 흰색, 초록색 산딸기를 시도해볼 수도 있다. 산딸기는 색깔이 가장 먼저 변하고 그다음에 무르익기 때문에 색깔만 믿고 빨리 수확해서는 안 된다!

스칸디나비아인들은 일찍부터 산딸기에는 특별한 무언가가 있다는 사실을 알아차렸다. 앙증맞은 크기와 희소성은 이 과일을 귀하고 신비롭게 만들어주는 것 같다. 아마 세상에서 가장 냉소적인 어른들도 짙은 녹색의 커다란 나뭇잎 밑에 숨어 있는 딸기들을 찾아낸다면 함박웃음을 터트리게 될지 모른다.

미트볼

스칸디나비아 국가들을 여행하다 보면 아침에도, 점심에도, 저녁에도 미트볼^{Meatballs}을 먹는 사람들을 보게 되고 앞으로 미트볼이 이들의 식탁에서 사라질 일은 없겠다는 생각이 든다. 지름이 1인치가 채 되지 않는 작은 미트볼에는 일반적으로 간 소고기, 간 돼지고기가 똑같은 비율로 들어가지만 운이 좋다면 송아지 고기, 사슴 고기, 멧돼지 고기, 순록 때로는 무스 고기가 들어간 독특한 미트볼도 맛볼 수 있을 것이다.

미트볼은 덴마크에서는 프리카델레르^{frikadeller}, 핀란드에서는 리하풀라트^{lihapullat}, 노르웨이에서는 시에트볼레르^{kjøttboller}, 아이슬란드에서는 크요트볼루르^{kjotbollur}, 스웨덴에서는 코트불라르^{kottbullar}라고 불린다. 스웨덴의 왕 칼 12세가 18세기 초반 오스만으로 망명을 갔다가 미트볼 레시피를 발견해 다시 북유럽으로 들여왔다.

미트볼은 소고기와 돼지고기를 간 것에 잘게 다진 양파나 구운 양파, 우유에 적신 빵가루, 계란을 넣고 양념으로는 소금, 흰 후추, 약간의 허브만 첨가해 버무리면 끝이다. 그 이상도, 이하도 아니다. 달궈진 팬에 버터를 녹이고 미트볼을 돌려가며 갈색이 될 때까지 충분히 익힌 후에 방금 만든 매시트포테이토와 오이 피클을 같이 담는다. 하지만 이 음식이 완성되려면 진하고 향기로운 그레이비소스가 있어야 한다. 짭조름하게 졸인 소스에 약간의 크림을 넣고 미트볼을 버무린 다음 입에 쏙 넣어보자. 기가 막힐 따름!

스키르

이 유산균들의 학명은 스트렙토코커스 살리바리우스, 락토바실러스 델부르에키이 불가리쿠스이다. 유산균은 대부분의 사람들에게는 신선하고 맛있는 오후 간식처럼 들리지 않지만 아이슬란드 사람들에게는 확실히 그런 것 같다. 이 두 가지 박테리아는 아이슬란드에서 가장 사랑 받는 유제품 스키르Skyr에 포함되어 있다.

노르웨이의 바이킹이 바다를 항해하면서 오랜 기간 음식을 보존하기 위해 다양한 저장 기법을 발전시켰고 스키르도 그중 하나였다. 유럽의 바다를 휘저으며 죽이고 태우고 약탈하는 것을 멈추고 이제는 정착하기로 한 바이킹들이 북유럽의 섬에 살던 원주민들에게 이 저장 기술을 전파했다. 스키르는 진하고 크림 같은 요거트지만 사실 신선한 치즈의 일종이라고 할 수 있다. 대체로 강한 신맛에 약간의 단맛이 맴돈다.

원래 스키르는 저온살균을 하지 않은 우유로 만들어야 하고 많은 아이슬란드인들이 아직도 살균하지 않은 우유를 고집하기도 한다. 하지만 사람들이 점점 더 건강을 의식하게 되어 판매용 스키르는 반드시 저온살균한 우유로 만들어야 한다. 스키르에는 지방이 거의 함유되어 있지 않으며 거의 무지방이라 할 수 있다. 그러나 칼슘과 단백질이 놀라울 정도로 많이 들어 있어 운동선수나 건강에 관심 있는 사람들에게는 이상적인 음식이다. 하지만 칼로리가 무척 낮기 때문에 스키르에 시나몬 설탕을 약간 뿌려 먹거나 담백한 빵과 곁들여도 전혀 죄책감이 느껴지지 않는다. 어쩌면 이 영양가 풍부한 음식이 유럽에서 가장 수명이 길다는 아이슬란드인들의 장수 비결일지도 모른다.

카리얄란피라카

수천 개의 호수와 깊은 산맥으로 이루어진 핀란드는 러시아와 스웨덴 사이에 위치하고 있으며 동부에서는 전통 농촌 음식들이 발달했고 서부에서는 보다 현대적인 요리가 발전했다. 이 두 가지 스타일의 요리가 섞이면서 푸짐하고 영양가 높은 퓨전 요리들이 탄생했는데 이는 이 나라의 다문화적인 역사를 반영하기도 한다.

세계 2차 대전이 중유럽과 북유럽을 초토화시켰고 핀란드 국토였던 북카렐리아에서 전쟁이 벌어지자 많은 카렐리안들은 다른 지방으로 대피했다. 그 과정에서 지역의 풍습이 담긴 소박한 시골 요리 레시피가 퍼졌는데, 그중에서 가장 유명한 것이 카리얄란피라카Karjalanpiirakka라 불리는 페이스트리pastry이다.

이 군침 도는 페이스트리는 만드는 방법도 까다롭고 조리 시간도 길다. 하지만 한 번 맛본 사람들은 이 정도의 시간과 노동은 투자할 만한 요리라고 말한다. 원조 레시피는 호밀 반죽을 타원형으로 얇게 편 다음 그 안에 최소 45분간 요리한 쌀죽을 넉넉히 넣은 후, 반죽 끝을 안쪽으로 말아 오목하게 그릇처럼 만들어 오븐에 넣고 25~30분간 겉이 바삭해질 때까지 익히는 것이다.

이것을 전통 방식으로 즐기려면 녹인 버터에 삶은 계란을 섞어 만든 무나보이munavoi를 피라카 위에 스프레드처럼 펴 바른다. 그리고 맛좋고 든든한 영양 만점의 북유럽 전통 음식을 한 입 가득 입에 넣는 것이다.

노마 레스토랑

노마는 노르딕(Nordic, 북유럽)과 마드(mad, 음식)가 결합된 단어다. 2002년 후반 유명한 요리 작가이자 방송인이며 교수인 클라우스 메이어가 오직 자연에서 얻은 제철 재료로 북유럽식 조리법만을 사용한 요리를 제공하는 노르딕 퀴진 전문 레스토랑을 내보고 싶다는 아이디어를 내면서 이 업계의 역사를 다시 쓴 레스토랑이 탄생했다.

르네 레드제피(René Redzepi, 1977~)는 25세에 이미 실력을 검증받은 마스터 셰프였다. 어느 날 클라우스 메이어(Claus Meyer, 1963~)는 그에게 연락하여 온전히 새로운 북유럽 요리를 콘셉트로 한 레스토랑을 내자고 제안했다. 레드제피는 코펜하겐의 유명한 콩한스켈데르^{Kong Hans Kælder} 레스토랑에서 일하고 있었지만 수석 셰프이자 새로운 벤처기업의 공동 소유주가 되어달라는 메이어의 달콤한 제안을 거부할 수 없었다. 2004년에 코펜하겐 항구 근처, 지금은 유행의 첨단 지역이 된 크리스티안스하운^{Christianshavn}에 레스토랑을 열었다. 이 특이한 레스토랑은 오픈 즉시 성공하진 못했다. 하지만 천천히, 그리고 확실하게 국제적인 관심을 받기 시작했고 전 세계의 유명한 음식 비평가들에게 찬사를 받았으며 미슐랭 투 스타를 얻어냈다.

노마는 미식가들의 성지와도 같다. 북유럽 요리 20여 가지가 작은 접시에 담겨 나오는데 거의 모두 이제까지 한 번도 본 적도, 들은 적도 없는 요리들이다. 메뉴판만 보아도 눈이 휘둥그레진다. 쉬림프 앤 구스풋(새우와 오리발), 래디시 앤 이스트(무와 효모), 플라워 타르트, 피클드 앤 스모크트 메추라기 알, 야생 장미를 얹은 플랫브레드, 캐러멜라이즈드 밀크와 아귀 간, 구운 리크^{Leek}와 명란 등의 실험적인 요리가 있고 그 유명한 비프 타르타르와 개미 요리도 있다. 이 색다른 요리들이 창의적인 세팅으로 나와 미각을 일깨운다. 노마에서 식사를 해본 사람이라면 이 식당이 2010년, 2011년, 2012년, 2014년에 레스토랑 잡지에서 선정한 세계 최고의 레스토랑으로 꼽혔다는 사실에 전혀 놀라지 않을 것이다.

살미아키

전 세계에서 수많은 감초들이 자신이 세상에서 가장 최고의 맛과 향을 지닌, 가장 훌륭한 감초라고 주장하고 있지만 그중에서도 독보적인 위치를 차지하는 것이 핀란드의 살미아키Salmiakki다. 이 향에 익숙하지 않은 사람들은 엄청나게 달고 짠 맛에 깜짝 놀라 얼굴을 찡그릴지도 모른다. 다만 한 가지는 확실하다. 이 생소한 첫맛을 절대 잊지 못하리라는 것.

딱딱하고 석탄처럼 까만, 작은 마름모꼴 캔디 살미아키는 비교적 풍부한 양의 염화암모늄이 함유되어 있으며 확실히 처음보다는 여러 번 시도한 후 점점 더 좋아지는 맛이다. 18세기에 기침약으로 사용되었지만 고유의 풍미가 인기를 끌면서 과자류로 생산되었고 점차 북유럽에서 가장 사랑받는 기호 식품이 되었다. 살미아키란 이름은 핀란드의 초콜릿 회사 파제르Fazer가 내놓은 상품명이었지만 이 강한 향의 감초맛 사탕을 통칭하는 일반명사가 되었다. 핀란드에서는 굉장히 사랑받는 풍미로 각종 요리, 특히 고기를 잴 때 넣기도 하며 아이스크림, 빵, 딥 앤 소스에 넣어 향을 더하기도 한다. 또한 이것을 사용해 특이한 향의 콜라를 생산해 내기도 한다. 핀란드의 한 패션 브랜드는 이 마름모꼴 캔디 모양을 주제로 하여 컬렉션 전체를 만들기도 했다. 이 외에도 이 캔디에 영감을 받은 여러 매혹적인 상품들이 출시되는데 살미아키 다이아몬드 모양의 클러치백, 귀걸이, 목걸이 등이 다양하게 나와 있다.

카넬불레

스웨덴 시나몬 번Cinnamon bun인 카넬불레Kanelbulle는 스칸디나비아 베이킹 세계에 비교적 최근에 등장한 빵으로 여겨지지만 사실 이것은 북유럽 요리법의 중요한 일부였다. 만약 이 맛좋고 보기 좋은 간식이 없었다면 스웨덴식 티타임이자 커피 브레이크인 피카fika가 얼마나 허전하고 심심했을까?

전 세계에서 가장 오래된 향신료인 시나몬은 14세기경에 스칸디아비아 반도에까지 전파된 것으로 보이지만 오랫동안 맥주의 향을 내는 데만 사용되었다. 강한 풍미의 향신료 카다멈도 비슷한 시기에 북유럽에 소개되었다.

1920년대에 설탕과 밀가루가 스웨덴 사람들에게 더 폭넓게 공급되면서 주부들은 점차 먹기 위해서가 아니라 즐거움을 위해 빵을 굽기 시작했다. 그러면서 시나몬, 카다멈, 설탕, 버터라는 이 완벽한 조합이 발견되었고 집집마다 빵 굽는 구수한 냄새가 가득 채워졌다.

1960년대 스웨덴의 어딘가에서 한 솜씨 좋은 주부가 이 시나몬 번 특유의 형태를 발명했다. 밀가루에 거품 낸 달걀과 소금과 약간의 물을 넣어 반죽한 후 돌돌 말아 자른 다음 우박 설탕(pearl sugar, 고온에서도 녹지 않는 특수 설탕)을 뿌려서 뜨거운 오븐에 충분히 구우면 찐득찐득하고 달콤한 달팽이 모양의 빵이 완성된다.

스웨덴 사람들의 카넬불레 사랑이 얼마나 큰지 1999년부터 매년 10월 4일을 시나몬의 날로 지정하여 기념하기도 한다. 이날은 최고의 시나몬 만들기 대회가 열리기도 하며 가족과 친구들이 다 같이 모여 진한 커피 한 잔과 이 사랑스럽고 달콤한 간식을 먹으며 훈훈한 시간을 갖는다.

볼러

볼러(boller, 모닝빵)는 노르웨이 사람들이 수시로 즐겨 먹는, 가장 사랑하는 번이지만 정확한 유래나 유입 경로는 알려지지 않았다. 노르웨이 사람들이 이 빵을 먹는 것은 일종의 통과의례로 이것을 먹어야 진정한 노르웨이인이라 말할 자격이 있다고 한다. 여러 종류의 향미와 필링(filling, 음식의 속)이 있으며 이 볼러야말로 노르웨이의 삶의 방식이라고 말하는 이들도 있다.

다른 스칸디나비아 케이크와 번과 마찬가지로 볼러도 그리 달지는 않으며 반죽에는 비교적 소량의 설탕만 들어간다. 기본 반죽에 카다멈 향을 더하고 안에는 달콤하거나 짭조름한 속을 채워 넣는다. 한 손에 쏙 들어갈 정도로 작은 크기의 부드러운 식감을 가진 이 빵은 건포도가 들어간 것이 기본이지만 근래에는 건포도는 빼고 플레인 볼러에 버터나 초콜릿 스프레드, 잼 또는 다른 홈메이드 저장 식품을 넣기도 한다. 어린이들이 가장 좋아하는 스콜레볼러는 안에 바닐라 커스터드를 넣은 다음 구운 코코넛을 토핑으로 잔뜩 뿌리는 것이다. 가끔은 살라미, 치즈, 코울슬로, 오이 같은 필링이 첨가되기도 한다. 기본 레시피에 각자 창의적인 아이디어를 추가해 당신만의 볼러를 만들 수도 있다. 어떤 베이커들은 통밀 반죽과 콩을 넣어 섬유질을 더하고 도dough에 노르웨이산 갈색 치즈나 작은 스모크 햄 조각을 넣거나 굽기 전에 견과류와 씨앗을 뿌리기도 한다. 좋아하는 향신료와 허브를 첨가해 향미를 더해도 된다. 옵션은 끝도 없으니 마음에 드는 조합을 찾아내서 만든 다음 노르웨이 사람들이 하는 대로 하면 된다. 즉 아침에도 먹고 점심에도 먹고 저녁에도 먹고, 시도 때도 없이 먹는 것이다!

스뫼르고스보르드

스웨덴 전통 상차림이며 뷔페의 기원이 된 스뫼르고스보르드는 14세기 스웨덴 상류층 사이에서 인기를 끌던 브렌빈스보르드brännvinsbord로부터 발전한 것이다. 브렌빈스보르드란 빵, 버터, 치즈, 청어, 다양한 종류의 술이 차려진 작은 테이블을 말한다(이 단어의 원래 뜻은 '브랜디 테이블'이다). 17세기 중반에 테이블의 크기가 커지고 위치도 사이드에서 중심으로 이동하면서 요리 개수가 증가했다. 특히 철도역 내 레스토랑이나 호텔에서 뜨거운 음식과 차가운 음식이 모두 포함된 뷔페 스타일의 식사를 메인 코스로 제공하는 것이 점차 유행하게 되었다.

1912년 스톡홀름에서 올림픽이 개최되었는데 이 행사를 기점으로 스뫼르고스보르드(Smörgåsbord, 스뫼르고스는 오픈 샌드위치란 뜻이다)라는 단어가 요식업계의 지도에서 한자리를 차지했고 이후 전세계의 많은 레스토랑들이 이 스타일을 차용하기 시작했다. 1939년 뉴욕월드페어의 스웨덴 파빌리온에서 쓰리 크라운 레스토랑이 근사한 스뫼르고스보르드를 선보이면서 전 세계 미식가들의 관심을 모으기도 했다.

정찬 스뫼르고스보르드는 긴 탁자에 음식의 종류를 다섯 가지로 나누어 순서대로 배치해야 한다. 전체 식사는 총 다섯 코스로 이루어지며 식사를 즐기려면 엄격한 룰도 알고 적절한 테이블 매너를 갖추어야 한다. 접시에 너무 많이 담았다가 남기는 것은 용서 못 할 죄에 속하며 앞으로 그 식당에 입장이 금지될 수도 있다!

품위 있게 세팅된 정통 스뫼르고스보르드에는 최소 60개의 요리가 차려지고 수십 가지의 소스가 마련되며 당연히 한쪽에는 스웨덴의 대표적인 독주 브렌빈도 있다. 마음껏 즐기시길!

페비켄 레스토랑

전 세계에 화려하고 값비싼 레스토랑은 별처럼 많고 그 모든 곳에 꼭 가보아야 하는 건 아니다. 하지만 스웨덴 시골 깊숙이 숨겨져 있는 작고 매혹적인 페비켄Fäviken 레스토랑은 그저 그런 식당이 아니다. 망누스 닐손의 독특하고 멋스러운 키친은 누구든 죽기 전에 한 번쯤 가고 싶어질 만한 식당이다.

망누스 닐손(Magnus Nilsson, 1983~)은 진짜 스칸디나비아 가정식에 숨겨진 보물을 알아본 남자다. 그의 레스토랑은 스톡홀름에서 북쪽으로 750킬로미터로 올라가면 나오는 아레 지방의 거칠고 척박한 예르펜Järpen에 있으며 8000헥타르 정도의 넓은 땅이 모두 페비켄의 사유지이다. 2008년에 오픈한 이후부터 이 레스토랑은 전 세계 각국에서 존경과 찬사를 받았다. 이 땅에서 나는 친환경 제철 식재료만을 사용하고 혁신적인 요리법을 개발했다. 거의 모든 재료들이 이 레스토랑 주변 사유지인 대규모 농장이나 지역 생산자들에게서만 나오고 셰프가 요리 재료들을 직접 손질한다.

이 작은 레스토랑에는 오직 열 여섯 자리밖에 없고 너무 고립된 곳에 있기 때문에 이곳에서 스칸디나비아 식문화를 제대로 즐기기 위해서는 근처 숙소에서 하룻밤을 묵는 것이 좋다. 하지만 거의 야생적이라 할 만큼 거칠고도 순수한 풍경 때문에 괜한 수고를 했다거나 과한 지출을 했다고 생각할 일은 없다.

계절에 따라, 또 닐손이 근처 호수에서 무엇을 잡았는지에 따라 '오늘의 생선 요리'가 결정된다. 여름에 페비켄 식료품점은 과일, 야채, 허브 등으로 가득 채워지는데 긴 겨울에도 여전히 이 식재료들을 살 수가 있다. 뛰어난 저장 기술 덕분에 과일과 야채는 최장 8개월까지도 싱싱하게 유지될 수 있다고 한다.

음식 비평가 아담 작스Adam Sachs는 페비켄을 '전 세계에서 가장 사랑스러운 레스토랑'으로 꼽았고 2014년에는 '세계 최고 레스토랑' 19위까지 올랐다. 닐손과 그의 팀은 이런 영광을 누릴 자격이 있다.

크리스마스 장식

북유럽 사람들은 손으로 직접 만든 크리스마스 장식품을 무척 진지하게 대하는 편이다. 12월이 되면 남녀노소 모두 모여 꼼지락꼼지락 손으로 무언가를 만들며 대화를 나눈다. 각 가정뿐만 아니라 학교나 단체에서도 이벤트를 열어 아이들과 어른들이 모여 밤새 크리스마스 장식을 하기도 한다.

크리스마스 시즌에 스칸디나비아의 가정에 초대받아본 손님들은 이 사람들만큼 겨울의 최대 명절을 온 마음으로 기대하는 사람들도 별로 없을 것이란 생각이 들 것이다. 이들의 양초 사랑은 정말 특별한데 아마도 겨울이 길고 해가 짧기 때문일 것이다. 집 안 곳곳에 양초를 밝혀 따스하고 은은한 분위기를 연출한다.

학교에서는 어린이들이 자신만의 캔들 홀더를 만들어 보관하며 매년 크리스마스 때마다 예전에 만들었던 추억의 작품들이 창고 밖으로 끄집어져 나온다. 물론 작품 주인들은 부끄러워 얼굴을 가릴지도 모르지만.

크리스마스트리는 반드시 진짜 솔나무여야 하고 작은 천사, 화환, 하트, 염소, 수많은 별 모양의 아기자기한 소품들이 나뭇가지가 늘어질 정도로 빽빽하게 채워진다. 크리스마스 때 빠지지 않는 생강 쿠키도 하트, 별, 순록 같은 모양으로 잘라 장식품으로 걸기도 하고 빨간 리본에 연결해서 창문에 늘어지게 달기도 한다.

이것이 끝이 아니다. 벽에는 흰색의 종이별을 잘라 붙이고 선반에는 작은 난쟁이, 산타, 버섯, 집에서 만든 예쁜 크래커를 올려놓는다. 한마디로, 집 안 장식으로 스칸디나비아의 크리스마스를 이긴다는 건 거의 불가능하다!

글뢰그

코끝이 시릴 정도로 추운 날씨에 산책을 마치고 돌아와 현관문을 열었을 때 설탕과 향신료를 넣고 따스하게 데운 와인의 알싸한 향이 당신을 맞아준다면? 그 기분을 어떻게 말로 설명할 수 있을까? 집 안에는 정향, 시나몬, 카다멈, 생강, 오렌지 향기가 은은하게 감돈다. 물론 그윽한 와인 향까지도.

향신료가 들어간 뜨겁고 달콤한 와인을 마시는 전통은 고대까지 거슬러 올라간다. 고대 그리스와 로마인들은 따뜻한 와인을 매우 사랑했고 스칸디나비아에 여행 온 이 남유럽 사람들은 음료를 전해주었다. 당연히 북유럽 사람들은 두 팔 벌려 환영했다. 스웨덴에서는 1600년대 초반부터 이 음료를 글뢰그Glögg라고 부르기 시작했는데 이는 너무도 잘 어울리는 이름이기도 하다. 글뢰그는 '탈 때까지 부글부글 끓이다'라는 뜻이기 때문이다. 먼저 오렌지, 생강, 시나몬 등의 재료를 레드 와인과 함께 끓인 뒤 각설탕을 녹여 조금씩 떨어뜨리면 자극적이고 뜨겁고 달콤한 글뢰그가 완성된다. 와인 안에 견과류나 건포도를 넣어 약간의 씹을 거리가 되도록 한다(아니면 조금씩 천천히 마시라는 뜻으로).

1800년대에는 이 뜨거운 음료의 인기가 올라가면서 와인 회사들이 집에서 간편하게 글뢰그를 만들 수 있는 포장 팩을 생산하기 시작했다. 자연스럽게 글뢰그는 크리스마스 상차림에 빠져서는 안 되는 음료가 되었다. 노르웨이에는 수십 종류의 글뢰그가 있으며 알코올 도수가 강한 것, 약한 것, 무알코올 등이 있어 취향에 따라 얼마든지 선택할 수 있다. 왜냐하면 손과 발이 꽁꽁 얼고 코끝이 빨개지는 스칸디나비아의 겨울에는 집에 와서 마시는 뜨거운 한 잔의 와인만큼 달콤한 위안이 되는 것이 없기 때문이다.

CULTURAL & NOIR ICONS

누아르 문학과 예술을 즐기다

그레타 가르보

1905년 9월 18일 스톡홀름에서 태어난 그레타 로비사 구스타프손은 영화사상 가장 유명한 아이콘이자 시대를 초월한 전설적인 미인이 되었다. 그녀가 바로 우리가 아는 그레타 가르보이다.

그레타 가르보(Greta Garbo, 1905~1990)는 어린 시절 수줍음이 많지만 상상력이 풍부한 아이였다. 공부를 좋아하진 않아서 13살에 학교를 그만두었다. 스톡홀름 백화점에서 일을 하다가 백화점 카탈로그의 모자 모델을 하게 되었고 곧 조금 더 큰돈을 벌 수 있는 광고업계와 연기의 세계로 뛰어들게 되었다.

1924년 그녀는 〈예스타 베를링 이야기〉라는 영화에 출연한 후 영화업계의 거물 루이스 B. 메이어의 눈에 띄게 된다. (이즈음 성을 가르보로 바꾸었으며 그 이유나 배경은 미스터리로 남아 있다.) 자석처럼 사람을 끌어당기는 그녀의 매력을 알아본 메이어 덕분에 가르보는 MGM사와 계약을 맺고 미국으로 건너간다. 그녀의 첫 번째 영어 영화는 1926년에 개봉한 〈토렌트〉였다. 영화는 대히트했고 배우 또한 대스타가 되었다. 가르보는 이후 여덟 편의 무성영화를 비롯해 〈안나 크리스티〉, 〈크리스티나 여왕〉, 〈안나 카레니나〉 같은 고전을 바탕으로 한 유성영화에도 출연했다. 그녀는 그 세대에 가장 상업적으로 성공한 여배우였고 비교적 짧은 활동 기간에도 불구하고 아카데미 여우주연상 후보에 네 차례나 올랐다.

가르보의 마지막 작품인 〈두 얼굴의 여인〉은 1941년에 개봉했다. 그녀는 1922~1941년 사이 28편의 영화에 출연한 후 은퇴하고 할리우드를 떠나 소수의 친구들과만 교류하는 단순하고 검소한 삶을 살았다. 그녀가 무엇보다 좋아한 것은 그녀의 표현에 의하면 '홀로 표류하기'로 혼자 조용히 있는 것이었다고 한다.

잉마르 베리만

잉마르 베리만은 명실공히 스웨덴이 낳은 가장 위대한 영화감독이다. 무려 60여 년에 걸친 작품 활동 기간 동안 다음 세대 감독에게 막대한 영향을 미친 철학적이고 심오한 영화를 만들었다. 〈산딸기〉, 〈모니카와의 여름〉, 아카데미상 수상작인 〈어두운 거울 속으로〉, 〈외침과 속삭임〉. 〈화니와 알렉산더〉 등 수많은 걸작들이 있다. 하지만 사람들이 베리만이라는 이름과 함께 떠올리는 것은 그의 영화가 다루는 묵직한 주제다. 그는 질병, 죽음, 절망, 배신, 복수, 분노, 광기, 구원 등의 형이상학적인 주제를 스크린에 담은 예술가이자 철학자였다.

잉마르 베리만(Ingmar Bergman, 1918~2007)은 1918년 스톡홀름 외곽의 웁살라Uppsala에서 태어났다. 그와 그의 두 형제는 매우 엄격한 부모님 밑에서 자랐는데 특히 루터파 목사였던 아버지는 무척 괴팍하고 보수적이었다. 베리만은 그런 숨 막히는 분위기에서 정신적으로라도 탈출하고 싶어 이야기와 연기에 빠져들었고 마리오네트 인형으로 최초의 연극 무대를 만들기도 했다. 상상의 세계 안에서만 이 어린 소년은 안전하다고 느꼈고 이해받고 인정받을 수 있었다.

베리만은 평생 동안 다양한 방식으로 연극계에서 활약을 했지만 그의 놀라운 재능이 활짝 꽃 핀 곳은 역시 영화업계였다. 그의 거의 모든 영화는 스웨덴에서 촬영되었으며 그가 가장 애착을 가진 촬영지는 고틀랜드Gotland 북쪽의 발트해에 있는 작은 섬 포뢰Fårö섬이었다. 베리만은 개인적으로 불안정하고 모순적이며 연약하고 예민한 영혼이었다. 하지만 자신의 황폐한 내면을 극한까지 밀어붙이며 쉴 새 없이 창작을 했고 스웨덴을 대표하는 주옥 같은 영화와 연극을 우리에게 남겼다.

도그마 95

"기본적으로 나는 인생의 모든 것이 두렵습니다. 영화 만드는 것만 빼고요." 덴마크 영화감독이자 시나리오 작가인 라르스 폰 트리에르^{Lars von Trier}의 놀랍고도 솔직한 고백이다. 〈안티크라이스트〉, 〈님포매니악〉 등 그의 작품은 날것의 감정을 적나라하고도 복잡하게 그려 비평가와 관객들을 혼란에 빠뜨리곤 한다. 1990년대에 할리우드가 블록버스터를 대량으로 찍어내자 폰 트리에르 등은 그런 영화는 충분하다고 생각했다. 네 명의 영화감독은 45분 만에 도그마 95라는 영화 집단을 결성했고 그들만의 선언서도 만들었다. 이른바 '순결의 서약'이었다.

도그마 영화가 갖추어야 할 열 가지 계명은 영화에서 인공적인 음향, 조명, 소품 등 여타의 효과를 완전히 배제하는 것이다. 그들의 선언문에 따르면 근본적으로 감독의 역할이란 테크닉에 의지하지 않고 후가공이 필요없는 탄탄한 시나리오만을 스크린에 충실히 옮기는 것이다. 1998년 토마스 빈터베르의 〈셀레브레이션〉과 폰 트리에르의 〈백치들〉이 칸 영화제에서 상영되면서 도그마의 영화 정신은 비평가들의 관심을 모았다. 논란이 된 이 영화 운동은 2005년에는 서서히 자취를 감추었지만 이 운동을 주창했던 감독들은 여전히 도전적인 작품들을 만들고 평단의 찬사를 받고 있다. 도그마 95는 저예산 영화를 만드는 것이 목적이라기보다는 영화의 본질로 돌아가 감독들이 자신의 상상력을 충분히 활용하고 자신의 작품을 스스로 통제하기 위한 활동이었다고 말한다. 라르스 폰 트리에르 감독이 늘 주장했던 것처럼, 창작자가 자신의 작품을 온전히 통제하지 못한다면 대체 그 안에 무슨 의미가 있겠는가?

마스 미켈센

여성들은 그와 결혼하고 싶어 하고 남성들은 그를 닮고 싶어 한다. 지금 우리는 '세계에서 가장 섹시한 남자'에 꼽히는 덴마크 배우 마스 미켈센 이야기를 하고 있다. 아마도 그의 성공의 비밀은 이름 안에 숨어 있는지도 모른다. 마스는 매튜의 덴마크식 표기인데 "신의 선물"이란 뜻이다.

마스 미켈센(Mads Mikkelsen, 1965~)은 코펜하겐의 북부에 있는 오스테르브로 지역의 뇌레브로Nørrebro라는 곳에서 노동자 계층 부모 밑에서 태어났다. 청소년기에 체조 선수로 활약했고 스웨덴 예테보리Göteborg에서 프로 무용수로 커리어를 시작했다. 그는 이후 10년 동안 이 직업에 전념하기도 했다.

그는 30대가 되어서야 배우로 활동하기 시작했는데 니콜라스 윈딩 레픈 감독의 〈푸셔〉(1996년작)에서 덴마크 배우 킴 보드니아와 같이 출연해 토니 역할을 연기하며 단번에 주목을 받았다. 이 영화 이후 러브콜이 이어졌고 미켈센은 출연하는 작품마다 아름답고 불안하며 강하면서도 여린, 관객들의 뇌리에서 사라지지 않는 캐릭터들을 연기했다. 관객들은 〈샤넬과 스트라빈스키〉(2009)의 스트라빈스키, 〈로얄 어페어〉의 요한 프리드리히 슈트루엔제, 〈애프터 웨딩〉의 제이콥을 기억한다. 물론 아카데미 남우주연상 후보에도 오르게 했던 영화 〈헌트〉(2012년)의 루카스가 있고 21세기 제임스 본드 영화인 〈카지노 로열〉(2006년)의 인상적인 악역 르 치프레도 빼놓을 수 없다.

미켈센은 덴마크의 비영리 단체인 '레퓨지스 유나이티드Refunite'에서 친선 대사로 활동하기도 한다. 이 단체는 전 세계에 흩어져 있는 4300만 명의 난민들이 친구와 이산가족들을 찾을 수 있도록 도와주는 온라인 사람 찾기 서비스이다.

라세 할스트룀

스웨덴 감독이자 시나리오 작가인 라세 할스트룀(본명은 라르스 스벤 할스트룀이다)의 영화는 차분하고 감성적이며 사랑스러운 연출 스타일 때문에 다른 영화들과 차별화된다. 그는 배우들이 자의식을 털어버리고 천천히 자연스럽게 그 캐릭터에 녹아들 때까지 기다리거나 계속 다시 촬영한다고 한다.

라세 할스트룀(Lasse Hallström, 1946~)은 1946년 여름 스톡홀름에서 태어났다. 전쟁 직후라 모두가 가난한 시절이었고. 장난감을 살 돈이 없었던 이 어린 소년은 자신의 상상력을 이용해 놀 수밖에 없었다.

그는 스톡홀름의 저명한 음악 학교인 아돌프 프레드리크^{Adolf Fredrik} 음대에서 수학했지만 음악은 그의 진정한 열정이 아니었다. 대신 영화에서 꿈을 찾았다. 기회는 1973년 스웨덴 텔레비전 드라마 〈파파스 포이카르〉(Daddy's Boy)의 감독을 맡으면서 찾아왔다. 그 외에도 아바의 뮤직 비디오를 일곱 편이나 만들며 연출 기법에 눈을 뜨기도 했다.

여러 편의 스웨덴 영화를 만들어 국제 영화제에서 호평을 받은 라세 할스트룀은 1985년에 〈개 같은 내 인생〉이라는 영화를 만들어 전 세계의 이목을 집중시킨다. 1991년에는 첫 미국 데뷔작 〈사랑의 울타리〉를 연출하고 계속해서 인상적인 작품들을 발표했다. 〈사이더 하우스〉, 〈초콜릿〉, 〈사막에서 연어낚시〉 들이 개봉되었고 가장 최근에는 〈로맨틱 레시피〉로 건재함을 과시했다. 대표작은 역시 1993년 작인 〈길버트 그레이프〉로 조니 뎁이 안정적인 연기를 선보였고 레오나르도 디카프리오는 지적 장애 소년을 연기해 아카데미 남우조연상 후보에 오르기도 했다.

루카스 무디손

루카스 무디손은 〈뉴욕타임스〉에서 '잉마르 베리만 이후 스웨덴이 배출한 가장 뛰어난 감독'이라는 평을 받았다. 아마 스칸디나비아 출신 감독에게 이보다 더 과분하고도 감격적인 칭찬은 존재하지 않을 것이다.

루카스 무디손(Lukas Moodysson, 1969~)은 말뫼Malmö 외곽의 책으로 가득한 집에서 태어나 자랐다. 그의 어머니는 유명한 어린이 책 작가인 굴 오케르블롬Gull Åkerblom이다. 무디손은 어린 시절부터 예민한 성격으로 사람들 속에서도 소외감을 자주 느꼈고 스스로 아웃사이더라 생각했다. 그는 시로 자신을 표현할 수 있었으며 17세에 첫 시집을 출간하기도 했다. 23세 무렵에는 소설도 발표했고 다섯 권의 시집을 발표했다. 무디손은 글을 통해서도 개인적인 경험과 남다른 기질을 표현할 수 있었지만 좀 더 넓은 관객층을 찾고 조금 덜 배타적인 일을 하고 싶어 영화 쪽으로 방향을 틀었다. 스웨덴 영화 학교(Sweden's Dramatisk Institutet, 당시에는 스웨덴의 유일한 영화 학교였다)에서 연출을 전공하고 단편영화 몇 편을 연출한 다음 장편영화를 시도했다.

무디손의 작품 속에서 일정하게 나타나는 주제는 사회의 약자 계층을 착취하고 억압하는 사람들을 고발하는 것이며 모든 행동에는 결과가 따른다는 것을 보여주는 것이다. 1998년에 찍은 스웨덴의 십대를 다룬 청춘 영화 〈쇼 미 러브〉는 세계적인 주목을 받았다. 스웨덴 북부 농촌의 두 사춘기 소녀가 성장기의 방황과 아픔 속에서 사랑에 빠진다는 이야기였다. 2002년에는 버려진 러시아 소녀의 삶에 관한 이야기 〈릴리아 포에버〉를 연출했다. 2009년 영화 〈맘모스〉는 인신매매의 공포에 대한 여러 논란을 일으켰다.

사라 룬
소피 그로뵐

사라 룬은 덴마크 텔레비전 시리즈인 '포르브뤼델센(Forbrydelsen, 범죄. 영어 제목 〈킬링〉으로 더 알려진 드라마)의 주인공인 여형사로 여러 면에서 도무지 알 수 없는 인물이다. 회가 거듭되어도 이 여인의 감정이나 생각은 전혀 파악되지 않고 실체와 사생활과 과거는 모두 베일에 싸여 있다. 그녀는 사생활은 포기한 채 앞뒤 가리지 않고 집요할 정도로 사건만 파고든다.

쉬렌 스베이스트루프Søren Sveistrup가 쓴 대본을 받아 든 배우 소피 그로뵐은 룬이라는 여형사 캐릭터를 어떻게 연기할지 고민하다가 자신이 아는 몇몇 남자들에게 비슷한 성격적 특징을 발견했다. 그녀는 사람에 대한 자신의 관찰과 해석을 토대로 사건 해결에만 매달리는 일 중독자 형사의 성격을 결합시켜 어둡고도 복잡한 캐릭터를 만들어냈고 시청자들을 사로잡았다. 이에 비해 촬영 전에 제안받은 룬의 의상을 챙겨 입는 일은 너무나도 쉬웠다. 그녀는 '구드룬 앤 구드룬'이 디자인한, 멋진 페로 패턴이 들어간 두껍고 탄탄한 모직 점퍼를 걸쳐 입었다. 그리고 모두가 아는 대로 이 캐릭터와 의상은 하나의 전설이 되었다.

1968년 7월 코펜하겐에서 태어난 이 배우는 열일곱 살에 엄마가 추천해준 신문 광고를 보고 오디션을 본 후 첫 영화에 캐스팅이 되었다(사실 여름방학 아르바이트 정도로 생각했다고 한다). 그로뵐의 뛰어난 연기는 쉽게 눈에 띄었고 곧이어 다른 역할들이 들어오기 시작했다. 전문적인 연기 수업이나 연극 무대 경험 없이도 어느 순간 일어나보니 그녀는 배우가 되어 있었고 그때부터 한시도 일을 쉬지 않고 있다.

리스베트 살란데르
노미 라파스

리스베트 살란데르, 인터넷 닉네임 'Wasp'는 스티그 라르손의 베스트셀러 〈밀레니엄〉 3부작 시리즈의 주인공이다. 이십대의 천재 컴퓨터 해커로 비상한 두뇌를 갖고 있지만 우울한 아웃사이더로 살아간다. 살란데르의 과거는 철저히 비밀에 붙여져 있으며 관객들은 그녀의 불안한 어린 시절에 대해 아주 약간의 힌트만 얻을 뿐이다. 소녀 시절 그녀는 자주 폭력적인 행동을 보여 '비행' 청소년으로 분류되었고 엄마에게 폭력을 휘두르던 아빠를 살해하려 했다가 검찰의 감시를 받는 신세가 된다.

스티그 라르손(Stieg Larsson, 1954~2004)의 소설에서 살란데르는 기자 미카엘 블롬크비스트와 협력하여 연쇄 살인 사건을 파헤친다. 책은 6500만 부 이상이 팔린 베스트셀러였기에 2009년 영화에 캐스팅된 스웨덴 배우 노미 라파스(Noomy Rapace, 1979~)는 막중한 책임감을 느끼고 이 복잡한 캐릭터에 생명을 불어넣기 위해 모든 힘을 쏟았다.

라파스는 여덟 살 때부터 연기를 시작했으며 1988년에 아이슬란드 영화 〈까마귀의 그늘 the Shadow of the Raven〉에 출연했다. 15세에 고향인 아이슬란드를 떠나 스웨덴으로 와서 스톡홀름의 연기 학교를 다녔다. 1996년에는 첫 텔레비전 프로그램에 출연했고 호평 속에서 스크린과 연극 무대를 넘나들며 활발한 행보를 이어왔다.

라파스는 이 영화 촬영 중에는 철저히 살란데르로 살았는데 캐릭터와 하나가 되기 위해 실제로 피어싱을 하기도 했다. 스티그 라르손이 창조하고 노미 라파스가 표현해낸 리스베트 살란데르는 현대 사회에서 신체적, 정신적, 성적 폭력으로 고통받는 많은 여성을 대변하는 캐릭터가 되었다.

쿠르트 발란더
크리스터 헨릭손

쿠르트 발란더는 아마도 최초의, 그리고 가장 위대한 북유럽 누아르 장르의 영웅일 것이다. 북유럽 스릴러 문학의 거장 헤닝 만켈은 아프리카에서 장기간 거주하다 고향 스웨덴으로 돌아온 후 충격에 휩싸였다. 스웨덴 사회의 외국인 혐오와 인종 차별은 심각한 수준이었던 것이다. 그는 곧 집필에 들어갔고 정의를 위해 싸우는 고독한 파이터를 창조해냈다.

발란더 형사가 처음 등장한 소설은 1991년에 발표한 〈얼굴 없는 살인자〉다. 헤닝 만켈(Henning Mankell, 1948~2015) 책은 곧 스웨덴에서 베스트셀러가 된 뒤 시리즈로 아홉 권이 출간되어 전 세계 45개의 언어로 번역되고 3000만 부 이상이 팔렸다. 시청자들의 뇌리 속에서 발란더는 2005년부터 2013년까지 수 편의 발란더 영화에 출연한 크리스터 헨릭손Krister Henriksson으로 각인되어 있다. 만켈은 그에게 이 역할을 부탁하면서 혹시 책을 읽어본 적이 있냐고 물었다. 그는 읽지 않았다고 대답했고 별 기대 없이 책을 받았으나 읽자마자 자신과 발란더가 깜짝 놀랄 정도로 닮았다는 사실을 발견하고 왜 이제야 제의가 들어왔는지 의아해했다고 한다. 그는 쿠르트 발란더Kurt Wallander를 '무언가를 갈망하지만 그것이 무엇인지는 모르는 사나이'로 설정했는데 만켈의 독자들이라면 그의 해석을 100퍼센트 마음에 들어했을 것이다. 헨릭손은 발란더에게 어렵지 않게 감정이입을 했고 그의 연기를 본 사람들이라면 헨릭손과 발란더가 실제로 만나서 커피 한 잔을 마신다면 서로 할 말이 아주 많을 것이라고 상상하곤 한다.

레가시

새로운 덴마크 텔레비전 드라마인 〈아르빈게른〉이 단순히 화제가 된 작품이라고 말하는 것은 부족하다. 이 드라마의 첫 회가 방송되기도 전에 원작 판권이 여러 나라에 팔렸다.

〈아르빈게른〉(Arvingerne, 상속자들이라는 뜻이나 영어로는 〈레가시(유산)〉로 번역되었다)은 덴마크 시나리오 작가 마야 일소에Maya Ilsøe가 집필하고 스웨덴의 배우이자 감독인 페르닐라 아우구스트(Pernilla August, 1958~)가 감독했다. 이 시리즈의 주조연인 네 명의 형제들은 덴마크를 대표하는 연기파 배우들이 맡았다. 드라마는 이 형제들의 어머니이며 유명 예술가인 베로니카 그뢰네고르Veronika Grønnegaard의 죽음으로 시작한다. 베로니카는 아이들을 낳고 창작욕과 자아를 잊어버린다. 1960년대가 낳은 자유로운 영혼의 소유자 베로니카는 아이들에게 사랑과 희생을 베풀지 못했고 아이들의 결핍된 어린 시절은 이들의 성격과 이후의 삶에 깊숙한 영향을 미친다.

베로니카의 의문의 죽음 이후 그녀가 유산인 덴마크 푸넨섬의 그뢰네가든 저택을, 친아들들이 아닌 입양 딸 시그네Signe에게 남겼다는 사실이 밝혀지자 다들 충격에 빠진다. 시그네와 나머지 형제들은 어머니의 비밀을 풀어가면서 몇십 년 동안 쌓인 해묵은 갈등까지 하나씩 알게 된다. 이 유산 배분으로 인해 베로니카의 자녀들은 원치 않았지만 한자리에 모이게 되고 그동안 걸어왔던 자신들의 삶을 돌아보며 어렸을 때와는 너무도 다른 어른으로 성장했다는 사실을 깨닫는다.

사가 노렌과 마틴 로데
소피아 헬린과 킴 보드니아

2011년, 북유럽의 모든 사람들을 TV 스크린 앞에 모이게 한 드라마가 있었다. 〈더 브리지〉 첫 시즌이었다. 스웨덴과 덴마크 사이의 외레순 다리에 신원불명 피해자의 신체 일부가 발견된다. 시청자들은 처음에는 흥미로운 줄거리에 빠져들었지만 드라마가 진행될수록 사건 해결을 위해 어쩔 수 없이 협동 수사를 하게 된 너무도 성향이 다른 두 형사 사가와 마틴에게 더 매혹되었다.

극 중에서 마틴 로데(킴 보드니아가 연기한)는 거칠고 다혈질이지만 인간적인 매력이 있는 덴마크 형사로 그가 잡으려 하는 범인과도 공통점이 적지 않은 것만 같다. 원하는 결과를 얻기 위해서는 앞뒤 재지 않고 막무가내로 돌진한다. 반면 그의 상대역인 스웨덴 형사 사가 노렌(소피아 헬린이 연기한)은 냉철하고 객관적이며 예리하지만 사람 대하는 법을 모른다. 사가는 상대방의 기분 따위는 아랑곳하지 않고 직설적으로 말하며 내키는 대로 행동하는데, 수사 팀이 아직 결성되지 않았을 때는 약간 아스퍼거 증후군처럼 보이기도 한다. 따라서 타인과의 관계에서 늘 어려움을 겪는다.

이 둘은 남녀 관계로 발전하지는 않고 그보다는 아버지와 딸에 가깝다. 하지만 상반되는 수사 스타일과 태도 때문에 시도 때도 없이 부딪친다. 가끔은 사가의 어색한 행동과 그녀에게 사회성을 계속 가르치다 실패하는 마틴의 거듭된 시도 때문에 약간의 코믹한 상황도 연출된다.

〈더 브리지〉처럼 시청자들의 열광적인 환호를 받으며 하나의 국가적인 현상이 되어버린 TV 프로그램은 역사상 전례를 찾아보기 힘들다. 2002년 영국에서 방송된 첫 에피소드는 백만 명 이상의 시청자들을 끌어들였고 외국 드라마로서는 최고 시청률을 기록했다고 한다.

비르기트 뉘보르
시드 바벳 크누센

두 아이를 낳고 행복한 결혼 생활을 하고 있는 비르기트 뉘보르는 평범한 워킹맘들과 마찬가지로 수많은 의무와 챙겨야 할 집안일로 눈코 뜰 새 없이 바쁜 하루를 보내고 있다. 하지만 다른 엄마들과 약간 다른 건 그녀가 덴마크를 대표하는 정치가라는 점이다. TV 시리즈 〈여총리 비르기트〉의 주인공 뉘보르는 남성 중심 사회에서 성공한 여성의 현실을 세심하게 묘사한다. 뉘보르의 가정생활과 크리스티안스보르 성에서의 직장 생활을 같은 무게로 조망하며 공적 인물의 이상과 현실을 그려내고 있다.

〈킬링〉 같은 스칸디나비아 범죄 드라마의 성공에도 불구하고 덴마크 배우인 시드 바벳 크누센Sidse Babett Knudsen이 여자 정치가의 일대기를 그린 드라마의 주인공을 맡아달라는 이야기를 들었을 때는 반신반의했다. 시청자들이 흥미를 느끼지 않을 소재라고 생각했기 때문이었다. 그러나 그녀의 예상을 뒤엎고 이 작품은 엄청난 성공을 거두었다.

1968년 코펜하겐에서 태어난 크누센은 1997년 〈렛츠 겟 로스트〉라는 코미디 영화에 첫 출연했다. 이후 텔레비전과 영화에 출연하고 연극 무대에도 오르며 각종 연기상을 수상했다. 〈여총리 비르기트〉에서 크누센은 비르기트 뉘보르Birgitte Nyborg 캐릭터를 연구하고 또 연구하여 모든 면에서 개연성 있는 인물을 창조했다. 그녀는 개인의 사생활과 자신감을 지키면서도 리더로서 신뢰와 존경을 쌓아간다. 2010년 가을 덴마크에서 방송된 첫 시리즈는 시청자들의 사랑을 한몸에 받았다. 곧이어 영어권 국가에서도 방영되었고 전 세계적인 팬을 거느리게 되었다.

아르네 달

유명한 스웨덴 범죄소설 작가 아르네 달에게 왜 범죄소설을 즐겨 쓰느냐고 물었다. 그의 대답은 참으로 간단했다. "제가 읽고 싶은 책을 쓰는 거죠." 이 단순명쾌하고 가식 없는 철학은 손톱을 물어뜯으며 읽게 되는 그의 스릴러에서도 쉽게 찾아볼 수 있다.

아르네 달(Arne Dahl, 1963~)은 스칸디나비아 반도 최고의 범죄 스릴러 작가로 평가받고 있다. 그의 첫 번째 수사 시리즈는 '특수 수사대(인터크라임)' 팀을 주인공으로 내세운다. 개성 있고 유능한 수사관들이 힘을 합하여 사상 초유의 범죄 사건을 풀어간다. 이 수사 팀은 독특한 성격의 형사 파울 옐름이 이끌지만 각각의 대원들이 사건의 열쇠를 하나씩 발견해나간다. 이 소설은 모두 스웨덴을 배경으로 하고 있으나 사실 스웨덴의 범죄율은 낮은 편이니 달은 범죄 스릴러 소설이라는 매개체를 통해 도덕적 일탈과 부조리한 현실을 드러내려 했다고 할 수 있다.

달의 두 번째 시리즈는 유로폴 형사들이 뭉친 수사대 '옵캅Opcop'의 활약을 다룬다. 이제 중년이 된 특수 수사대 팀원들이 등장하며 (첫 번째 시리즈의 결말에서 원래의 팀은 해체된다.) 이들은 스웨덴 밖으로 나가 다른 유럽 형사들과 연합하여 유럽 사회에 퍼진 부패, 탐욕, 범죄와 싸운다.

이 모든 소설들은 성인 독자들의 사랑을 받았으나 아르네 달은 어린 독자 팬들도 보유하고 있으며 어린이와 청소년을 위한 범죄소설도 여러 권 집필했다. 또 하나의 반전은 달이 사실은 스웨덴 최고의 문학 비평가이자 칼럼니스트이며 작가 얀 아르날드Jan Arnald의 필명이라는 사실이다.

요 네스뵈

요 네스뵈^{Jo Nesbø}는 오슬로의 비열한 거리를 배경으로 한 잔혹한 범죄소설들과 마음에 트라우마가 새겨진 형사 해리 홀레^{Harry Hole} 시리즈로 가장 잘 알려진 노르웨이의 국민 작가이다. 그의 첫 소설 〈박쥐〉는 1997년에 노르웨이에서 출간되었고 이후 아홉 권의 소설이 나왔으며 전 세계 수많은 언어로 번역되었다.

요 네스뵈는 1960년 노르웨이 북부의 몰데^{Molde}에서 태어났다. 십대 때는 전도유망한 축구 선수였으나 19살에 무릎 십자인대 파열로 축구 인생이 끝나면서 장래 계획을 수정하게 되었다. 그는 노르웨이 대학에서 경영학과 경제학을 전공하여 증권 중개업자가 되었다. 낮에는 주식과 증권을 팔고 밤에는 작사 작곡을 하면서 동생과 디 데레(Di derre, 노르웨이어로 '그 남자들'이라는 뜻이다)라는 락밴드를 결성하여 공연하기도 했으며 아직까지도 활동을 이어가고 있다.

낮에는 풀타임 주식 중개인으로 일하면서 일 년 동안 180여 차례의 공연까지 하는 그야말로 미친 한 해를 보낸 후 너무 지치고 소진되었던 그는 자신에게 포상 휴가를 주기로 했다. 그리고 반 년 후 호주로 가는 비행기를 탄 형사가 주인공인 첫 번째 소설을 갖고 돌아왔다. 나머지는 익히 알려진 바와 같다.

네스뵈는 어린 독자들 사이에서 폭발적인 인기를 누리는 미친 교수 닥터 프록토^{Doctor Proctor}를 주인공으로 한 어린이 책 시리즈의 작가이기도 하다. 2013년 1월 이 기상천외한 동화책의 작가 톰 요한센^{Tom Johansen}이 요 네스뵈의 필명이라는 사실이 밝혀졌고 이후 톰 요한센이라는 이름으로 세 권의 소설이 출간되었다.

스티그 라르손

스티그 라르손은 1954년생이다. 강한 정치적 신념을 가진 조부모와 부모 밑에서 자랐으며 어릴 때부터 이야기에 빠져들었다. 13세 때 아버지가 사다준 타이프라이터로 쉴 새 없이 타이핑을 했고 이런 습관은 그의 미래의 직업으로 이어졌다.

스티그 얼랜드 라르손(Stig-Erland Larsson, 그는 나중에 앞의 두 이름을 조합해 스티그로 만들었다)은 언제나 인종차별과 일상의 폭력과 파시즘을 폭로하려는 강한 신념과 의지를 갖고 있었다. 그런 그와 평생을 함께한 반려자가 반전 운동가이자 영국 잡지 〈서치라이트〉의 통신원이며 1980년대 인종차별 및 파시즘에 대항해 싸웠던 에바 가브리엘손Eva Gabrielsson이었다는 건 일견 당연해 보인다. 그는 사회문제를 고발하는 잡지 〈엑스포〉를 공동 창간하여 반유대주의 조직 조사에 집중했으며 그 결과 평생 반대파의 암살 위협에 시달렸다. (실제로 그와 에바가 법적으로 혼인하지 않은 이유는 결혼을 하면 거주지가 기록상에 남기 때문이었다.)

1997년 라르손은 첫 소설인 〈밀레니엄-여자를 증오한 남자들(영어 제목은 '드래곤 타투를 한 소녀')〉을 썼다. 이후 이 시리즈를 10부작으로 기획하고 본격적인 집필을 시작한다. 2003년 스웨덴 노르스테츠 출판사와 〈밀레니엄 3부작〉을 출간하기로 계약하고 (여기에 2부 〈불을 가지고 노는 소녀〉와 3부 〈벌집을 발로 찬 소녀〉가 포함된다.) 세 번째 책을 반 정도 집필했다. 이 3부작은 컴퓨터 해커 리스베트 살란데르와 바람둥이 저널리스트 미카엘 블롬크비스트의 활약을 따라간다. 약점을 가진 인간이며 별로 어울릴 것 같지 않은 이 두 사람은 의외로 환상의 파트너가 되어 사건의 퍼즐 조각을 맞춰간다.

너무도 안타까운 건 그가 2004년 첫 책이 출간되기 몇 달 전에 돌연한 심장마비로 사망해 책이 폭발적인 성공을 거두며 신드롬을 일으키는 모습을 지켜보지 못했다는 것이다.

헤닝 만켈

베스트셀러 작가인 헤닝 만켈은 자신을, 한 발은 눈 속에 파묻고 한 발은 모래 위를 딛고 있는 사람이라고 말했다. 그가 스웨덴과 모잠비크의 마푸토를 오가며 살고 있으며 완전히 동떨어진 대륙의 상반되는 문화와 기후 안에서도 너무도 편안히 지냈기 때문이기도 하다.

헤닝 만켈(Henning Mankell, 1948~2015)은 스톡홀름에서 태어났지만 아버지가 판사로 일하게 된 스웨덴 북부의 작은 마을 스베그Sveg에서 자랐다. 어릴 때 부모님이 이혼하고 아버지 혼자 만켈과 여동생을 키웠지만 그는 행복한 어린 시절을 보냈다고 했다. 그는 소년 시절 닥치는 대로 책을 읽다가 아프리카에 빠졌고 언젠가 아프리카 대륙에 꼭 가보겠다고 결심한다. 아버지가 일하는 모습을 보면서 법학에도 관심이 생겼고 사회 정의에 대해 깊이 고민했다. 그의 첫 번째 책 〈바위 발파공〉은 1973년에 출간되었는데 이후 몇 권의 책을 더 썼지만 그의 이름을 결정적으로 널리 알린 책은 1991년 스웨덴에서 출간된 〈얼굴 없는 킬러〉이다. 쿠르트 발란더(커트 월랜더) 형사가 처음 등장한 이 책으로 발란더 시리즈는 전국적인 센세이션을 일으키며 여러 편의 TV 드라마와 영화로 만들어졌고 크리스터 헨릭손Krister Henriksson, 롤프 라스고르드Rolf Lassgård, 케네스 브라나Kenneth Branagh 같은 걸출한 배우가 주인공을 연기했다.

만켈은 발란더 시리즈는 종료했지만 계속해서 새로운 소설을 집필했으며 아프리카의 문제를 서구 사회에 알리는 데 헌신했다. 특히 아프리카 대륙을 고통스럽게 하는 에이즈를 주제로 한 글을 발표하고 발언할 기회를 만들었다. (애석하게도 암 투병을 하던 중 2015년 10월 별세했다.)

카밀라 레크베리

카밀라 레크베리의 탁월한 필력은 인간의 어두운 본성과 공포를 드러낼 때 더욱 빛난다. 그녀의 범죄소설 시리즈의 주인공은 경찰관 파트리크 헤드스트룀과 작가 에리카 팔크로 이들은 여러 건의 사건을 함께 해결하며 세상은 잔인하다는 쓰디쓴 결론에 도달하기도 한다.

카밀라 레크베리(Camilla Läckberg, 1974~)는 다섯 살 때부터 오싹하고 음울한 이야기들을 쓰기 시작했다고 한다. 그녀의 데뷔 소설은 〈톰텐Tomten〉(산타클로스)으로 산타클로스의 부인이 불운한 결말을 맞게 되는 이 이야기는 그녀가 일찍부터 스릴러에 재능이 있었음을 보여주고 있다.

레크베리는 스웨덴 서부 해안의 작은 어촌 마을 피엘바카Fjällbacka에서 태어나 자랐고 거의 대부분의 소설이 이 지방을 배경으로 쓰여졌다. 그녀는 이 호젓한 마을과 대비되는 충격적인 살인 사건들을 쓰며 이 섬의 역사와 전설을 버무려 넣었다. 고텐부리대학에서 경제학을 공부하고 저녁에 범죄소설 수업을 들으면서 소설을 쓰기 시작한 그녀는 현재 스웨덴 범죄소설의 여왕으로 불린다. 2003년에 출간된 그녀의 첫 번째 소설 〈얼음 공주〉 이후 열성적인 팬들은 책이 나올 때마다 무조건 서점에 달려가고 있다.

레크베리는 뛰어난 사업가이기도 해서 여덟 권의 소설을 자신이 설립한 출판사에서 출간했고 현재 아홉 번째 소설을 집필 중이다. 또 두 권의 요리책도 집필했고 TV 쇼에도 출연하며 세 번째 요리책도 준비하고 있다고 한다. 이것으로는 부족하다는 듯 스웨덴 소아암센터협회의 대표이사로 활동하면서 디자이너 로비사 웹스터Lovisa Wester와 함께 실버 주얼리 회사인 사하라Sahara를 공동 설립하기도 했다.

카이 닐센

코펜하겐 다그마르 극장의 무대 연출 디렉터였던 아버지를 둔 덕분일까, 아니면 유명 여배우 엄마 덕분일까. 덴마크 일러스트레이터 카이 닐센은 자연스럽게 예술 분야에 몸담게 되었다. 어린 시절부터 무대 소품, 의상, 카리스마 넘치는 배우들에 둘러싸여 지냈으며 그 모든 것들을 끊임없이 빨아들였다.

카이 닐센(Kay Nielsen, 1886~1957)은 1904년부터 1911년까지 파리에서 미술을 공부한 후 영국으로 건너와 일거리를 찾았다. 무명으로 일하다 1913년 아서 퀼러 쿠치 경Sir Arthur Quiller-Couch의 동화 모음집 삽화를 의뢰받으며 기회를 잡았다. 이때부터 특유의 섬세하고 몽환적인 작품을 여러 점 발표했고 오늘날 그는 아서 래컴Arthur Rackham, 월터 크레인Walter Crane과 함께 '일러스트 황금기'를 대표하는 3대 거장으로 평가받고 있다. 1937년 닐센은 월트 디즈니사의 삽화가로 일하기 시작했는데 그의 화려하고 장식적인 삽화는 애니메이션 〈환타지아〉의 두 장면에 삽입되었다. '민둥산의 하룻밤'의 무시무시한 악마들과 '아베마리아'의 이글이글 타오르는 해돋이 장면을 그린 것이다.

닐센은 아주 꼼꼼하게 작업하는 작가로 작업 속도가 더뎠고 신속한 작업과 생산성을 요구한 월트 디즈니와 갈등을 빚다가 1941년에 디즈니사의 일을 그만두게 되었다. 닐센은 덴마크로 돌아가지는 않았으며 그를 아끼는 지인들이 집과 옷과 음식을 구해주어 겨우 연명할 정도로 궁핍하게 살다가 71세에 아무도 알아주는 이 없이 사망했다. 생전에 명성을 얻지 못한 그의 작품은 그대로 잊힐 뻔했으나 1970년대 중반에 편집자 데이비드 라킨이 20세기 초에 활동한 아티스트와 일러스트레이터의 작품 모음집을 내면서 주목받았고 그제야 마땅히 받아야 할 영광을 누릴 수 있게 되었다.

무민

하마처럼 생긴 독특하고 이상한 가족인 무민은 전 세계 어린이들의 무한한 사랑을 받고 있다. 무민 시리즈^{The} ^{Moomins}의 원작자 토베 얀손은 독자들에게 스스로를 믿고 앞으로 나아가라며 용기를 준다. 두려워하지 말고 늘 질문하며 주변 환경에 책임이 있음을 깨닫고 언제나 깊이 사색하라고 말한다. "지치지 마세요. 관심을 잃지 마세요. 무심해지지 마세요." 그녀는 또 말한다. "우리가 호기심을 잃으면 스스로를 죽게 내버려두는 것이나 마찬가지입니다. 그렇게 간단한 것입니다."

토베 얀손(Tove Jansson, 1914~2001)은 1914년에 핀란드의 수도 헬싱키에서 활동하던 스웨덴계 예술가 부모 사이에서 태어났다. 동화작가이자 일러스트레이터로 활발히 활동하고 국제적인 상도 받았지만 가장 유명한 건 무민 밸리에 사는 무민 가족들이다. 1945년에 시작해 1993년까지 아홉 권의 무민 동화책과 한 권의 만화책, 다섯 권의 그림책을 펴냈다.

얀손은 가족과 친구들에게서 영감을 받아 메인 캐릭터들을 창조했다. 소년 같고 철학적이며 모험심이 강한 무민파파, 걱정이 많고 항상 바쁘며 중심이 잡혀 있는 무민마마, 호기심 넘치는 장난꾸러기로 온갖 사건 사고를 일으키지만 마음씨 고운 무민이다. 무민 곁에는 다정하고 사랑스럽고 엉뚱한 친구들인 스너프킨, 리틀미, 스노크 메이든 등이 있다.

무민은 TV 만화로도 방영되고 영화화도 되었으며 핀란드의 우표에도 등장했다. 2001년 그녀가 사망하면서 무민의 유산과 저작권은 얀손 가문에게 돌아갔고 무민 관련 캐릭터들의 저작권 또한 가족들이 관리하고 있다.

1 lk/kl
2007
SUOMI FINLAND

LANDMARKS &
ARCHITECTURE

랜드마크, 독특한 건축물을 찾아가다

외레순 대교

외레순 대교Øresundsbron는 유럽에서 가장 큰 대형 구조물로 덴마크와 스웨덴을 잇는 16킬로미터 길이의 철로이자 도로이다. 무게만 8만 2000톤으로 외레순 해협 위로 뻗은 대교의 위용을 보는 것만으로도 눈이 시원해진다. 스칸디나비아 반도에서 살지 않는 사람들은 아마 이 다리를 배경으로 한 인기 만점의 TV 수사 드라마 〈더 브리지〉 때문에 이 다리가 익숙할 것이다. 시청자들은 〈더 브리지〉를 보며 양국의 문화적 유사성과 차이점을 알게 되기도 한다.

스웨덴과 덴마크를 다리로 연결하자는 아이디어는 1872년부터 나오기 시작했고 처음에는 해저터널이 제시되었다. 그러나 백 년 동안의 구상과 토론과 계획 후에 1991년에 다리를 건설하자는 의견으로 모아졌다. 이 대교 공사는 세계에서 가장 야심찬 도시 건설 프로젝트였고 대략 37억 달러의 공사비와 어마어마한 숫자의 건축가, 기술자, 디자이너들이 투입되었다. (다리 자체는 건축가 게오르그 로트네가 설계했다.) 공사는 1993년에 시작되었고 다리의 마지막 섹션이 1999년 8월 14일에 완공되었다. 양국 간의 협력과 교류를 기념하기 위해 스웨덴의 왕세녀 빅토리아와 덴마크의 왕세자인 프레데릭이 각 다리의 끝에서 걷기 시작해 중간 지점에서 만나는 행사가 열리기도 했다. 개통식은 2000년 7월 1일로 덴마크의 여왕 마르그레테 2세와 스웨덴의 국왕 칼 구스타프 16세가 자리했다. 이 공식 행사 전에도 며칠간 전 국민적인 '다리의 날' 행사가 열려 수천 명의 사람들이 이 다리 위를 걷거나 달리거나 자전거를 타고 달렸다. 이 다리의 공식 이름은 외레순 대교로 덴마크어 외레순Øresund과 스웨덴어 브론(bron, '다리'라는 뜻)을 조합한 것이다.

크리스티안스보르 궁전

덴마크 왕족의 궁전인 크리스티안스보르 궁전Christiansborg Palace은 전 세계에서 유일하게 입법부, 사법부가 같이 있는 정부 건물이다. 덴마크 왕실, 대법원, 덴마크 의회가 모두 같은 지붕 아래에 있다. 오늘날 우리가 방문할 수 있는 크리스티안스보르 궁전이 있던 자리에는 과거에도 여러 궁전이 세워졌다.

최초로 건립된 궁전은 1167년 압살론 대주교 로스킬의 성이었다. 그러나 당시에는 슬로츠홀멘이라는 작은 섬의 입지가 무역에 방해가 되었고 1393년에 한자동맹에 의해 파괴되었다. 몇 년 후에 또 한 명의 주교가 같은 자리에 코펜하겐 궁전을 건축했으나 1417년에 에릭Eric 7세에 의해 함락되었고 이 영토와 이에 속한 모든 것이 왕가의 소유가 되었다.

세 번째 지어진 궁전이자 처음으로 크리스티안스보르라고 불린 궁전은 1746년에 지어졌다. 하지만 안타깝게도 1794년에 화재로 크게 파손되었다. 네 번째 궁전이 1828년에 지어졌지만 또 다시 화재로 소실되었다. 다섯 번째 시도한, 오늘날 우리가 사랑하는 왕실은 토르발 예르겐센(Thorvald Jøgensen, 1867~1946)이 설계했고 1928년에 건축이 마무리되었다. 크리스티안스보르 궁전은 훌륭한 관광지이기도 하며 관광객들은 왕궁의 리셉션 룸, 여왕의 태피스트리가 있는 대형 연회장, 왕립 마굿간 등을 방문할 수 있다. 또한 크리스티안스보르 지하에 있는 압살론 성과 코펜하겐 성의 유적들을 둘러보며 지난 800여 년간의 역사와 남아 있는 성의 흔적들을 관람할 수 있다.

크론보르 성

윌리엄 셰익스피어가 12세기 역사가 삭소 그라마티쿠스^{Saxo Grammaticus}가 기록한 비운의 덴마크 왕자 암레트의 이야기를 어떻게 접했는지는 확실히 알려져 있지 않다. 그는 이 설화를 바탕으로 하여 자신의 버전을 쓰기로 했고 헬싱외르의 크론보르 성^{Kronborg Castle}을 모티브로 엘시노어 성이라는 배경을 만들었다. 그렇게 그의 4대 비극 중 하나인 〈햄릿〉이 탄생했다.

크론보르 성은 1420년에 포메라니아의 에릭 왕이 북동쪽 끄트머리에 있는 헬싱외르^{Helsingør}에 지은 성이다. 헬싱외르는 덴마크의 가장 큰 섬인 질란드섬 앞바다와 지금은 남부 스웨덴이지만 당시에는 덴마크령이었던 지역까지 뻗어 있다. 국경 지대에 위치한 전략적 요충지로 좁은 해협을 건너가는 사람들에게 선박 통행세를 걷기도 했다.

이 성은 원래 다섯 채의 석조 건물로 이루어졌고 견고한 요새와 외곽의 망루로 둘러싸여 있었으며 오늘날에도 이 형태의 대부분이 보존되어 있다. 하지만 1954년과 1585년 사이 프레데릭 2세(Frederik II, 1534~1588)가 당시의 유행대로 웅장한 중세 르네상스 양식으로 개조했다. 높은 첨탑의 예배당과 왕과 왕비의 화려한 내실이 있으며 엄청난 규모의 대형 연회장도 있는데 62미터에 달하는 길이로 당시에 북유럽에서 가장 긴 연회장이었다고 한다.

크론보르 성은 여행하는 사람들 사이에 소문이 났고 자주 거론되는 성채가 되었으며 유럽에서 가장 웅장하고 화려한 성으로 명성을 떨쳤다.

티볼리 공원

18세기 중반 덴마크 군인 장교였던 게오르그 카르스텐센은 국왕 크리스티안 8세에게 왕가의 공원을 개조해 시민 공원을 조성하자는 건의를 했다. 그러면서 이렇게 주장했다. "사람들이 오락에 빠지면 정치에 관심을 두지 않을 테니까요."

코펜하겐의 티볼리 공원Tivoli Gardens은 세계에서 두 번째로 오래된 테마파크이자 두 번째로 연간 방문객이 많은, 여름에만 문을 여는 테마파크이기도 하다. 크리스티안 국왕이 게오르그 카르스텐센(Georg Carstensen, 1812~1857)에게 5년 동안 15에이커의 땅을 잘 개발해보라고 한 것은 확실히 탁월한 판단으로 보인다.

현재 21에이커에 달하는, 환상적으로 꾸며진 이 공원은 시민과 관광객들에게 변함없는 사랑을 받고 있다. 웅장하고 인상적인 정문을 지나 티볼리 공원에 발을 들여놓는 순간 세상 모든 시름이 사라지는 것만 같다. 티볼리는 보고 듣고 느끼고 경험할 것으로 가득한 원더랜드이다. 짜릿함을 맛보고 싶다면 1914년에 지어진 세계에서 가장 오래된 목조 롤러코스터에 올라탈 수도 있다. 또 세계에서 가장 키가 큰 회전 기구인 스타 플라이어도 이곳 티볼리에 있다. 80미터 높이의 이 놀이 기구에 타면 눈앞에는 도시의 전경이 펼쳐지고 손을 뻗으면 하늘에 닿을 것만 같다.

극장을 비롯해 야외 음악당, 레스토랑, 카페, 라이브 음악, 회전목마, 호수, 분수, 동물들, 빈티지 자동차들, 아쿠아리움, 산책로, 쉴 공간, 놀이 기구 등 모든 연령대가 즐길 수 있는 다양한 시설이 갖추어져 있다. 계절에 따라 꽃밭에 심은 꽃들도 모두 달라지며 다른 나라와 문화의 영향을 받아 계속해서 변화하고 발전하는 공원이기도 하다. 티볼리에서 가장 마법 같은 시간은 어둠이 깔릴 때다. 11만 1000개의 조명 기구들이 한꺼번에 켜져 나무와 산책로를 아름답게 수놓는다. 토요일 밤에는 불꽃놀이도 있다.

유르고르덴

스톡홀름 근교에 있는 유명한 유르고르덴^{Djurgården}섬은 매년 천만 명이 찾는 제 1의 관광지이다. 유르고르덴은 '게임 공원'이라는 뜻으로 279헥타르의 육지와 183헥타르의 바다로 이루어진 비교적 작은 섬이며 중세 말까지 왕족들의 사냥터나 나들이 장소로만 이용되었다. 17세기 중반부터 일반 시민들의 출입이 허용되면서 좀 더 많은 사람이 이 아름답고 훼손되지 않은 공원에서 산책과 소풍을 즐길 수 있게 되었다.

북적이는 스톡홀름의 도시 중심부에서 얼마 안 걸리는 유르고르덴에는 풍성한 볼거리들과 교육적인 장소와 역사 유적지와 엔터테인먼트 시설이 가득하다. 절벽을 따라 뻗은 10킬로미터 정도의 해변 산책로를 걸을 수도 있고 카누를 타고 섬을 한 바퀴 돌 수도 있으며 울창한 숲속 오솔길을 걷거나 인적이 드문 목초지를 걸을 수도 있다. 공원에는 800여 종의 나무와 화초가 있고 1200여 종의 곤충과 벌레가 있다고 하니 참을성을 갖고 하나하나 관찰할 수도 있다.

스톡홀름의 대표적인 관광지들도 이곳에 모여 있다. 네 채의 성, 스톡홀름대학교, 스칸센(민속원), 외국 대사관, 아트 갤러리, 바사 뮤지엄, 노르딕 뮤지엄, 아바 박물관이 있고 놀이공원인 그뢰나 룬드^{Gröna Lund}도 있다. 이 섬은 한마디로 스웨덴 왕실의 역사를 한눈에 볼 수 있는 장소라고 할 수 있다. 또한 수백 년 된 북유럽의 떡갈나무들이 남아 있는 자연보호 구역이기도 하다. 500살 이상 된 나무들이 즐비하며 그중에 가장 큰 나무는 '유진^{Eugene} 왕자의 떡갈나무'로 지름이 9.2미터에 달하고 1000살이 넘었다고 한다.

스타브 교회

장엄한 산맥을 배경으로 들판들이 비스듬히 뻗어 있는 전형적인 노르웨이 풍경 속, 독특한 탑 모양의 순수 목조 건축물인 스타브 교회Stave Churches 바로 앞에 잠시 서 있는 일은 놓쳐서는 안 될 진귀한 경험이다. 이 앞에서 우리 마음은 물론 영혼까지 반응한다.

중세 시대, 말하자면 이 지역의 사내들이 유럽을 침략하는 데 전심전력을 다하던 시대에 세워진, 그러나 지금까지도 놀라울 정도로 완벽한 형태로 보존된 스타브 교회는 노르웨이 전역에서 종종 찾아볼 수 있다. 이 건축물은 일반 교회와는 확연히 달라 바이킹들이 직접 세웠음을 쉽게 짐작할 수 있다. 전형적인 스타브 교회에서 바이킹의 대형 범선과 비슷한 형태와 마무리를 찾아볼 수도 있다. 처마는 바이킹의 상징인 신비로운 용머리로 장식되어 있고 내부와 외부 모두 섬세하고 정교하며 아름다운 조각들로 채워져 있다. 오늘날 남아 있는 스타브 교회는 총 28개인데 못질 하나 없이 목재로만 만들어진 건물이 이렇게 완벽하게 보존된 이유는 변질과 부식을 막기 위해 기름과 송진을 여러 겹 겹쳐 발랐기 때문이다. 스타브의 뜻은 '통널'로서 건물 모서리의 기둥 구조와 관련되어 있다. 건축 방식은 레이스보어크reisvoerk로 목재를 세로로 놓는다는 뜻이나 이후에 가로로도 놓게 되었다. 후세에도 부식을 막기 위한 노력을 게을리하지 않고 있어서 이 멋진 중세 성소들은 여전히 훌륭한 상태로 유지될 수 있을 것이다.

하들그리뮈르 교회

하들그림스키르캬는 북구의 하늘에 닿을 듯 높고 뾰족한 건축물이다. 아이슬란드 레이캬비크의 진정한 보물로 이 도시를 상징하는 최고의 랜드마크가 되었다.

1937년, 유명 건축가 그뷔드욘 사무엘손(Guðjón Samúelsson, 1887~1950)은 설계 의뢰를 하나 받았다. 인구가 늘어나는 레이캬비크 동부 시민들이 기도할 수 있는 평화로운 장소를 만들어달라는 것이었다. 그는 아이슬란드의 독특한 지형에서 풍부한 영감을 얻었고 자연을 그대로 빼닮은 교회를 설계하기로 했다. 그리하여 완공된 사무엘손의 마지막 작품이자 가장 위대한 건축 작품(그는 완공되기 전에 별세했다.) 하들그리뮈르 교회Church of Hallgrímur는 아이슬란드의 거칠고 강인한 산맥, 부드러운 만년설과 아이슬란드 곳곳의 휴화산과 활화산의 용암과 주상절리를 연상시킨다. 공사는 1945년에 시작되었지만 1986년까지도 시민들에게 공개되지 않았다. 하지만 1992년 독일 건축업자인 요하네스 클라이스Johannes Klais가 25톤짜리 교회 오르간을 들여오면서 교회의 모습을 갖추게 되었다. 이 거대한 오르간을 조립하는 것만도 머리가 빠지는 일이었는데 72개의 스톱, 4개의 손 건반대와 페달, 5275개의 파이프가 있는 오르간이었던 것이다.

교회 이름은 아이슬란드에서 가장 사랑받는 시인이자 성직자인 하들그리뮈르 페튀르손(Hallgrimur Pétursson, 1614~1674)의 이름을 딴 것으로 그의 시 '예수 수난가'는 아이슬란드 국민이라면 모두 외우고 있다. 이 높은 첨탑 꼭대기에는 카리용(carillon, 편종) 29개가 달려 있으며 큰 종 3개는 하들그리뮈르, 그의 아내 그뷔드룬Guðrún, 딸 스테이넌Steinunn을 의미한다.

템펠리아우키오 교회

아름다운 핀란드의 수도 헬싱키를 잠시 산책하다 보면 도시 중심가에서 잘못 착륙한 우주 비행선 같은 무언가를 맞닥뜨리게 될지 모른다. 이것은 멀리서 보면 암석처럼 보이며 실제로 '암석 교회'라 불리는 이 도시의 명물, 템펠리아우키오 교회Temppeliaukio Church이다. 거대한 바위의 노두 위에 서 있으며 겉에서는 거대한 돔 지붕밖에 보이지 않는다.

템펠리아우키오(템플 광장)로 불리던 이 도심 속 커다란 바위에 교회를 건축하려는 계획은 1930년대부터 있었다. 두 차례의 건축 공모전이 열렸지만 2차 세계대전이 벌어져 계획은 지연되었다. 마침내 세 번째 공모전이 열렸고 건축가 투오모 수오말라이넨(Tuomo Suomalainen, 1931~1988)과 티모 수오말라이넨(Timo Suomalaien, 1928~) 형제의 작품이 당선되었다.

자연 암반을 깎아서 지하에 타원형의 공간을 만들고 구리로 된 돔 천장과 돌로 된 외벽 사이에 30개의 유리 창문을 달아 자연광이 고요한 파도처럼 밀려 들어와 공간과 사람을 포근하게 감싸도록 했다. 이 건축물은 자연의 재료와 인간의 노력의 완벽한 결합이라고 할 수 있으며 관광 시즌이면 하루에 8000명의 관광객들이 찾는 헬싱키의 명소가 되었다.

실내는 암석을 판 상태 그대로 두고 벽으로 덮지 않아 천연 암석의 느낌이 살아 있고 이것이 뛰어난 음향 효과를 내어 완벽한 콘서트장이 되기도 한다. 매주 음악회가 열리는데 크리스마스 시즌에는 매일 열린다.

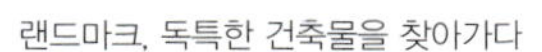

북극 성당

많은 사람들이 북부 노르웨이의 가장 큰 도시인 트롬쇠^{Tromsø}에 있는 이 북극 성당을 시드니의 오페라하우스와 비교해 '노르웨이의 오페라하우스'라 칭하기도 한다. 트롬쇠 공항으로 들어오는 비행기에서도 이 우아한 순백의 건축물이 보여 도시의 환상적인 첫인상을 만들어주고 있다. 사실 이 건물은 원래 시민들을 위한 교구 교회에 불과했으나 압도적인 아름다움 때문에 자연스레 관광객들이 모여들면서 관광 명소가 되었다.

1960년 노르웨이 건축가 얀 잉게 호비(Jan Inge Hovig, 1920~1977)는 그의 가장 유명한 작품이 될 교회의 1차 설계도를 그리기 시작했다. 1964년 4월 1일에 처음 지하 공사가 시작되었고 19개월 후에 완성되어 몬라드 노르데발 주교가 성당의 봉헌 미사를 드렸다. 이 교회는 11개의 알루미늄으로 코팅된 콘크리트 패널을 삼각형으로 겹겹이 쌓아서 마치 거대한 빙산이나 오로라, 혹은 보트하우스나 사미 텐트를 연상시킨다. 호비가 이 교회를 설계할 때 북유럽의 유산을 형상화하려 했다는 설명에 새삼 고개를 끄덕이게 된다. 외부의 삼각형 패널 사이마다 긴 조명을 달아 밤에는 트롬쇠의 어디에서나 이 건물이 보인다. 중앙의 정문은 유리벽으로 되어 있고 바닥부터 꼭대기까지 거대한 십자가가 세워져 있다. 성당의 좌석은 최고급 오크이고 체코산 크리스털로 만든 샹들리에는 고드름처럼 천장에 매달려 있다. 제단의 동쪽 벽은 노르웨이 아티스트 빅토르 스파레(Victor Sparre, 1919~2008)가 '예수의 재림'을 묘사한, 유럽에서 가장 정교하고 화려한 스테인드글라스로 장식되어 있다. 맑은 날에는 햇살이 쏟아질 듯 들어와 그야말로 신의 축복이 임하는 장소가 된다.

올레순

불이야, 불이야, 온 마을에 불이 났다! 1904년 1월 23일 폭풍우가 몰아치는 밤, 맹렬한 불길이 노르웨이의 마을 올레순의 거리를 휩쓸었다. 당시에는 거의가 목재 주택이었고 때마침 불어온 폭풍 같은 바람 때문에 불길은 더 활활 타올랐다. 그 다음 날 아침, 850채의 가옥이 화재로 사라져버렸다.

놀랍게도 사상자는 단 한 명에 불과했다. 하지만 이 마을 만 명의 주민들이 집과 재산을 잃고 빈털터리가 되어 한겨울에 길바닥에 나앉게 되었다. 얼마 후 대화재 소식이 유럽의 다른 나라에까지 퍼졌고 독일의 마지막 황제이자 독일 왕국이 해체되기 이전의 프러시아 황제였던 빌헬름Wilhelm 2세가 이 안타까운 사정을 듣게 되었다. 빌헬름은 이곳에서 휴가를 보낸 적이 있었기에 이 소식에 마음 아파하여 지원금과 봉사자들을 보내 이재민들을 위한 임시 거처를 지어주기도 했다.

얼마 후, 빌헬름이 보낸 20명의 건축 장인들과 30명의 노르웨이 건축가가 모여 머리를 맞대고 도시 재건 계획에 착수했다. 당시에 유행했던 건축 스타일은 유겐트스틸Jugendstil 즉 아르누보였는데 잿더미가 된 도시를 우아한 최신 유행 스타일로 아예 새롭게 탈바꿈시켜보기로 했다.

이 도시 재건 작업은 총 3년이 걸렸다. 아르누보의 로맨틱한 특징이 살아 있는 컬러풀하고 곡선적이며 유기적인 건물들이 들어섰고 고고한 첨탑과 작은 탑, 나뭇잎 모양의 철제 발코니가 있는 건물들과 조화를 이루게 되었다. 이 작은 마을은 국내는 물론 국제적으로도 아르누보 디자인과 건축을 가장 잘 보존한 도시로 자리매김했다. 올레순Alesund에 가면 꼭 노르웨이 아르누보건축센터를 방문해야 한다. 이 동화 같은 마을과 더없이 어울리는 박물관이다.

여름 별장

이것은 스웨덴에서는 소마르 스투가^{sommar stuga}, 노르웨이에서는 휘테^{hytte}, 핀란드에서는 뫼키^{mökki}, 덴마크에서는 소메후스^{sommehus}, 아이슬란드에서는 쉬마르후스^{sumarhús}로 불린다. 어떤 언어로 불리건 이 여름 별장이 환기시키는 풍경과 추억은 비슷비슷하다. 호수 수영, 우거진 숲, 따가운 햇살 속 야외 테이블에서의 식사, 달려드는 모기에도 아랑곳없이 밤늦게까지 이어지던 대화 등이다.

스칸디나비아 반도는 산업화가 늦게 찾아온 편이고 1940년대와 1950년대까지도 사람들이 농장과 오두막에서 살았다. 그러나 이 시기가 지나 집주인들이 대도시로 떠나면서 이 집들은 여름 별장^{Summer house} 혹은 '휴가를 보내는 집'이라는 이름을 얻게 되었다. 대체로 이런 집들은 몇백 년 동안 한 가문의 소유인데 조상 대대로 물려받은 땅과 집을 파는 일은 그리 흔치 않기 때문이기도 하고 도시 생활에 지친 가족과 친척들이 언제라도 쉽게 찾아올 수 있는 한적한 피난처가 필요하기 때문이기도 하다.

여름 별장에서 시간은 천천히 흐르는 것만 같고 인생이란 즐겨야만 하는 것 같다. 이런 집은 보통 주변의 부지와 별채가 포함되기에 마음은 느긋하고 평화롭지만 몸은 육체노동으로 적당히 피로하기도 하다. 북유럽의 농촌을 여행하는 가장 좋은 방법은 자전거를 타고 둘러보는 것이다. 아침 일찍 자전거를 타고 호숫가를 한 바퀴 돌거나 늦은 오후에는 알몸으로 수영을 하고, 그러다 심심해지면 읍내로 나가 편지를 부치고 마을 구멍가게에서 맛있는 아이스크림을 사 먹은 다음 다시 뒷마당으로 나가 딸기를 따는 것이다. 딸기에 정신 팔려 아이스크림이 녹을 수 있으니 빨리 먹어치울 것!

스칸센 민속원

스웨덴 사람들이 휴가에 필수적으로 방문하는 곳이 있다. 스톡홀름의 스칸센^{Skansen}이다. 전 세계에서 가장 오래된 야외 박물관이자 스톡홀름에 하나밖에 없는 동물원이 있는 곳으로 신기한 북유럽의 토속 동물들을 한자리에서 구경할 수 있다. 볼 것, 할 것, 배울 것이 무척 많아 전부 체험하려면 적어도 이틀이 필요할지 모른다. 박물관의 설립자인 아르투르 하셀리우스(Artur Hazelius, 1833~1901)는 스웨덴어 교사이자 민속학 전문가로 스웨덴 전역을 여행하면서 산업혁명의 바퀴 아래 스웨덴의 전통 농경 사회가 사라져가는 것을 보고 의복, 농사 기구 등을 수집하기 시작했다. 1891년 봄, 하셀리우스는 스칸센 산맥에 있는 작은 부지를 하나 사서 스웨덴의 각 지방을 대표하는 오래된 농가들을 똑같이 복원했다. 얼마나 열심을 다해 일했는지 겨우 몇 달 만인 그해 가을 공원을 개장할 수 있었다.

스칸센의 목표는 방문객들에게 몇백 년 전 스웨덴 농촌의 의식주와 직업과 동식물을 보여주며 그 시절 사람들이 어떻게 살았는지를 재현하는 것이다. 이 '살아 움직이는 박물관'에서는 직원들이 전통 의상을 입고 관광객들에게 옛날 방식으로 일하는 모습을 보여준다. 또한 이곳에서 오랜 기간에 걸쳐 스웨덴 전역에서 옮겨와 보존하고 있는 150채의 전통 가옥을 볼 수 있다. 스웨덴 건물이 아닌 유일한 건물은 노르웨이의 창고인 바스트베이틀로프테트이다. 14세기에 지어졌으며 이 박물관에서 가장 오래된 건물이기도 하다. 스칸센은 스톡홀름의 유르고르덴섬 안에 있으며 일 년에 총 1400만 명의 관광객이 방문해 야외 박물관 체험과 동물원 구경을 즐긴다. 설립자 하셀리우스의 좌우명은 '자기 자신을 알자'였다고 하는데 자신의 역사를 알아야만 자신의 진정한 자아를 알게 되기 때문이었다. 그는 평생 동안 스칸센을 가꾸며 다른 사람들도 그럴 수 있게 있게 해주었다.

인어 공주

상쾌한 비가 내리는 봄이건, 뜨거운 햇살이 쏟아지는 여름이건, 쌀쌀한 바람이 불어오는 가을이건, 눈보라 치는 겨울이건 인어 공주는 자신의 자리인 바위 위에 가만히 앉아 그리움과 갈망이 가득 담긴 눈빛으로 인간 세상을 바라보고 있다. 1837년 덴마크에서 출간된 한스 크리스티안 안데르센의 애절한 사랑 이야기이자 이룰 수 없는 욕망에 관한 이야기 〈인어 공주〉는 어린이는 물론 어른들에게도 사랑받는 동화이다.

1909년 칼스버그 맥주 회사 설립자의 아들 칼 야콥센은 발레로 본 인어 공주 이야기에 매혹되어 덴마크-아이슬란드 조각가 에드바르드 에릭센(Edvard Eriksen, 1876~1959)에게 동상 제작을 의뢰했다. 에릭센은 브론즈로 조각하여 코펜하겐의 랑겔리니공원 끝자락에 있는 큰 바위에 앉힐 계획을 세웠다. 완성까지 총 4년이 걸렸으며 1913년에 공주의 동상은 원래 속했었던 덴마크의 바다 가까이에 자리를 잡았다.

인어 공주는 사색적인 자세로 앉아 있으며 긴 머리는 어깨를 거쳐 등까지 흘러내려와 있다. 얼굴은 당시 덴마크 최고의 발레리나인 엘렌 프라이스Ellen Price의 얼굴을 모델로 했으나 그녀가 누드모델 제안을 거절하여 에릭센의 아내 엘리네Eline가 몸의 모델이 되었다. 이후 100년이 넘는 세월 동안 인어 공주 동상은 덴마크인들의 자부심과 애국심을 고취하는 상징이었고 관광객들의 필수 코스가 되기도 했다. 하지만 인어 공주는 여전히 덴마크가 낳은 가장 유명한 작가인 안데르센을 생각하게 하는 기념물이라 할 수 있다.

북유럽, 산뜻하고 담백한 매력에 빠지다

그동안 나는 북유럽에 관한 것들을 특별히 선호하거나 관심을 갖진 않았던 것 같다. 인테리어 카페나
여성 잡지에 소개되는 북유럽 인테리어를 보며 우리나라에만 들어오면 왜 이렇게 모든 것이 획일적이고
몰개성적으로 변해버리는지 조금은 안타깝다고 생각한 적은 있었다. 출판계의 북유럽 소설 열풍을 보면서도
트렌드를 따라가기 싫어서인지 찾아 읽지는 않았다. 또한 서유럽이나 동유럽 여행도 제대로 못한 나에게
북유럽 여행은 너무나 요원한 일이었다. 그래서 이 책도 호기심에서라기보다 하나의 일로서 받아들였다.
하지만 이 책은 의외로 큰 즐거움을 주었고 번역을 마칠 무렵에는 나도 한 명의 북유럽 마니아가 되고
말았다. 자기를 내세우지 않지만 알면 알수록 행동이 깔끔하고 세련되며 인생을 즐길 줄 알고 깊이가 있는
사람을 알게 된 기분이다. 아무래도 이 사람과 더 친해지고 이 사람을 따라해야 할 것만 같다. 물론 나의
자연스러운 태도 변화는 산뜻하고 담백한 이 책의 매력 덕분이다.

이 책은 신화·자연·디자인·음식·대중문화·건축이라는 여섯 가지 주제로 스칸디나비아 문화를 대표하는 100가지 아이템을 소개하고 있다. 두루뭉술하게 이야기하지 않고 구체적으로 아이템들을 콕 짚어 알차게 설명하고 있기 때문에 읽기도 편할 뿐 아니라 새롭게 배우게 되는 내용들도 많다. 우리나라 매체나 여행기에서는 접하지 못했던 소재들인 러브 스푼이라든가 도어 하프, 칵슬라우타넨 호텔이나 스칸센 등은 북유럽 여행을 준비하는 사람들에게도 큰 도움이 될 것이다.

처음에는 내게 배경 지식이 있는 드라마나 소설 관련 번역이 재미가 있을 것이라 생각했지만 점점 더 흥미를 갖게 된 아이템들은 자연과 요리였다. 청어 요리와 링온베리 잼을 먹어보고 싶었고 하지 축제를 체험해보고 싶기도 했다. 무시무시한 바다의 소용돌이 모스크스트라우멘과 아이슬란드의 굴포스 폭포와 노르웨이의 베르겐스바넨 철도를 검색하며 그 신비로움에 빠져들기도 했다.

모든 글마다 그림과 사진이 곁들여져서 눈도 즐거울 뿐만 아니라 글과 이미지가 연결되어 쉽게 기억하게 된다. 짧은 글이지만 재치 있게 풀어내려고 한 저자의 노력도 엿보인다.

끝까지 읽다 보면 단편적인 정보와 함께 북유럽에 대한 전체적인 인상이 잡힌다. '불필요한 디자인은 걷어내고 간결하고 단순하게 기본만 남기는' 디자인 철학을 통해 우리가 근래 추구하고자 하는 삶의 철학도 배우게 된다. 겨울이 춥고 길기 때문에 그만큼 실내 공간을 최대한 편리하며 아늑하게 꾸미려고 노력했다는 것을 이해하게 되고 사회가 안정되어 있기에 정치 드라마나 범죄소설이 발전할 수 있었다는 생각도 들어 부럽기도 했다. 덴마크 사람들의 행복의 비결인 '휘게'에 대한 묘사는 아름답기 그지없어 자꾸만 읽고 싶었다.

얼마 전에 스웨덴의 인테리어 스토어 이케아에 가서 미트볼을 먹을 때 같이 간 사람에게 '미트볼은 돼지고기와 소고기를 정확히 반반 섞은 다음에 볶은 양파와 우유에 적신 빵조각을 넣어 만들어. 그리고 북유럽 사람들은 미트볼을 아침에도 먹고 점심에도 먹고 저녁에도 먹는대.'라고 설명해주었다. 북유럽 여행을 간다는 친구에게는 캐서린홀름 그릇과 일세 야콥센 부츠 쇼핑 잘 하고 오라는 말도 남겼다. 〈노마〉란 영화가 개봉할 때는 '노르딕과 마드(음식)라는 단어를 합쳐서 만든 이름이 노마 레스토랑이야. 미슐랭 투 스타 받았다지?'라며 아는 척도 했다.

이렇게 번역가는 책 한 권을 떼고 나면 잘난 척할 일이 많아진다. 남에게 말하면 아는 척이고 나 혼자서는 아는 즐거움이다. 아는 만큼 보이고 느껴지기에 이 귀엽고 소박한 책 한 권 덕분에 또 다시 나의 세계가 한뼘 넓어졌다는 것을 실감했다.

하지만 번역가는 빨리 습득하는 만큼 단기기억상실증 환자처럼 빨리 잊는다는 특징도 갖고 있다. 머릿속에 남아 있는 이 깨알 정보들과 근사한 인상들이 사라지기 전에 북유럽 여행을 떠나 직접 하들그리뮈르 성당을 보고 베델의 나무 새 한 쌍도 사고 글뢰그를 마실 수 있게 되기를 간절히 소망한다.

2016년 가을

노지양

찾아보기

이미지 정보

Alamy AF Archive 140, 145; Andrea Innocenti/CuboImages srl 166; Andreas von Einsiedel 81; Bygone Collection 31; Hipix 157; Inge Døskeland 65; Moviestore Collection Ltd. 139; Nils-Johan Norenlind/age fotostock Spain, S.L. 54; Photos12 146; Raga Jose Fuste/Prisma Bildagentur AG 17; Ragnar Th Sigurdsson/Arctic Images 18; Rainer Martini/LOOK Die Bildagentur der Fotografen GmbH 60; Ros Drinkwater 94; Sanna Lindberg/es-cuisine/PhotoAlto 105; Stuart Forster 87; Yadid Levy 164. **Bang & Olufsen** 82. **Bridgeman Images** Victoria & Albert Museum, London 154. **Corbis** Robert Levin 78. **Courtesy of Malene Birger** A/S 97. **Fäviken** Erik Olsson 123. **Getty Images** Anders Blomqvist 178; Desmond Morris Collection/UIG 25 left, 25 right; Fine Art Images/Heritage Images 20; Francois Durand 134; Silver Screen Collection 130; Tuul/hemis.fr 66. **Kakslauttanen Arctic Resort** 68. **Marimekko Corporation** Helsinki-Helsingfors, design by Per-Olof Nyströn for Marimekko 75. **Noma** Mikkel Heriba 115. **Press Association Images** Monica Schmidtz/TT News Agency 151. **Sandqvist** 99. **Shutterstock** Anton_Ivanov 42; Borisb17 180; Brykaylo Yuriy 175; Jamen Percy 45; kimson 160; Olga Miltsova 110; Robert Rozbora 48; vichie81 172.

Cover Marimekko Corporation/ Helsinki-Helsingfors, design by Per-Olof Nyström for Marimekk

The publishers would like to thank Jon Sadler at Arrow Films, Barry Forshaw,
Kajsa Kinsella, Jane Ace, Cathy Heath and Anna Southgate for their
contributions to this book.
Commissioning Editor Hannah Knowles
Project Editor Alex Stetter
Executive Art Editor Juliette Norsworthy
Designer and Illustrator Grace Helmer
Picture Researcher Jennifer Veall
Production Controller Sarah-Jayne Johnson
Text by Kajsa Kinsella

tack
kiitos
tak
takk!